# "三人行"课程中的师幼互动

主　编　杨　梅
副主编　曾桂芬　师菁雯

教育科学出版社
·北京·

## 参 与 编 写

**主 编：** 杨 梅

**副主编：** 曾桂芬　师菁雯

**作 者：** 白小溪　孟雅暄　李明洁　沈 敏　刘 春
　　　　　李晓媛　孙赫阳　沈 洁　李云艳　肖 燕
　　　　　李佳佳　王小敏　柯 茜　罗辉霞　全昌丽
　　　　　陈丹仪　吕玉琴　孙丽萍　王姿翁　袁 赟
　　　　　虎慧丽

# 前 言

"三人行"课程是深圳实验幼儿园基于多年的教育实践与理论思考,携手家庭、社区、社会,一同为幼儿打造的致力于"为孩子种下一生幸福的种子"的课程模式。"三人行"课程以建立和谐关系为基础,以建构直接经验为原则,通过综合探究活动、区域游戏活动、文化体验活动,回归教育的起点,从幼儿的快乐与幸福出发,促进幼儿、教师、家长共生共长。

在"三人行"课程中关注幼儿、教师、家长的角色与关系,师幼互动也起着举足轻重的作用。幼儿被视为自主学习者、探究学习者和合作学习者,而教师则是他们的支持者、合作者、引导者和观察者。这种师幼关系建立在尊重理解、平等信任、全面支持和双向多元的基础上。尊重和理解的师幼互动关系要求教师关注幼儿的主体地位、年龄特点、发展水平和个体差异,站在幼儿的角度体验他们的内心世界,满足他们的兴趣和成长需求;平等信任的师幼互动关系要求教师以关怀、接纳、开放的态度与幼儿相处,营造温暖和谐的学习氛围,建立亲密信赖的关系;全面支持要求教师针对不同课程的组织形式对幼儿提供不同方面的支持;师幼互动中教师还要捕捉有利于幼儿多元互动的契机,尤其是有利于幼幼互动和境幼互动、亲子互动的契机,促进幼儿多元互动。

本书从"三人行"课程的背景和价值出发,阐述了师幼互动的意蕴和内涵,重点论述了"三人行"课程中综合探究活动、区域游戏活动和文化体验活动的师幼互动策略和方法技巧。在综合探究活动中,阐述了探究准备期、探究推进期、探究总结期的师幼互动策略;在区域游戏活动中,提出了区域创建、同伴互动、有效支持的师幼互动策略;在文化体验活动中,指明了教师在激发与准备、开展与推进、反思与总结三个阶段采取相应的师幼互动策

略。本书从管理者、教研员和教学者的角度探讨提升师幼互动能力的路径和方法，为幼儿教师和教育工作者提供有益指导和支持，帮助教师树立正确的儿童观，构建高质量的师幼互动生态。

当前，我国幼儿园正处在高质量发展的关键时期，对教育质量的要求越来越高。师幼互动是教育过程中的核心环节，它不仅是衡量教育质量的关键指标，更是幼儿身心发展的重要影响因素。因此，我们出版本书的主要目的，一方面是梳理总结自身的经验，另一方面是希望能够为广大幼儿教师和教育工作者提供有益的参考。让大家能够从中获得启发，并在实践中灵活运用这些理念与策略，为幼儿创造更丰富、更有意义的学习经历，促进幼儿健康全面的发展。

深圳实验幼儿园<br/>
2023 年 12 月

# 目录

## 第一章　以关系为灵魂的"三人行"课程　001

### 第一节　"三人行"课程的意蕴　002
一、"三人行"课程的背景　002
二、"三人行"课程的价值　005
三、"三人行"课程的内涵　007
四、"三人行"课程的特点　009
五、"三人行"课程的组织形式　012

### 第二节　"三人行"课程中的幼儿与教师　018
一、"三人行"课程中的幼儿　018
二、"三人行"课程中的教师　021

### 第三节　"三人行"课程中的师幼关系　023
一、"三人行"课程中的关系　023
二、师幼关系对师幼互动的影响　027

### 第四节　"三人行"课程中师幼互动的样态特征　030
一、尊重理解　031
二、平等信任　032
三、全面支持　033

第五节 "三人行"课程中师幼互动的价值取向　034

一、从单向的"教",转为互动的"学"　034

二、从看见幼儿到看见每一名幼儿　035

三、从师幼互动到多元互动　037

# 第二章　综合探究活动中的师幼互动　039

第一节　探究准备期的师幼互动策略　040

一、探究活动的目标确立　041

二、探究的可行性分析　042

三、探究活动的开展规划　046

第二节　探究推进期的师幼互动策略　051

一、团体讨论[①] 环节　051

二、探索发现环节　063

三、经验分享环节　084

第三节　探究总结期的师幼互动策略　087

一、幼儿展示环节　088

二、教师反思环节　092

# 第三章　区域游戏活动中的师幼互动　093

第一节　区域创建中的师幼互动策略　094

一、共同参与、持续循环　094

---

① 全书简称团讨。——编者注

二、主题延展、把握契机　099

第二节　材料投放的师幼互动策略　105

　　一、持续追踪　106

　　二、无痕激发　114

第三节　同伴互动的师幼互动策略　119

　　一、静观其变、适宜支持　119

　　二、创造机会、促进互动　123

第四节　有效支持的师幼互动策略　124

　　一、高级词汇的使用　125

　　二、高水平问题的提出　127

　　三、关注行为背后的原因　135

　　四、关注幼儿的个体差异　138

# 第四章　文化体验活动中的师幼互动　141

第一节　文化体验活动的激发与准备　144

　　一、兴趣甄别　145

　　二、情境创设　148

　　三、巧妙设计　156

第二节　文化体验活动的开展与推进　160

　　一、关注边缘者　161

　　二、利用主导者　163

　　三、创造成就感　164

第三节 文化体验活动的反思与总结 165

一、成功导向法 166

二、六色思考法 168

三、关系反思法 170

四、四步总结法 172

# 第五章 师幼互动能力的提升路径 175

第一节 管理者：建构师幼互动的文化与生态 176

一、尊重平等，建设富有互动性的园所文化 177

二、全园皆师，发挥每个人的长处 178

三、互相为师，营造正向鼓励的互动氛围 182

四、顶层设计，搭建师幼互动能力分层培养体系 183

第二节 教研员：专业的理念引领与技能支持 187

一、帮助教师发现内在的力量 187

二、帮助教师建立正向师幼关系 190

三、帮助教师梳理班级管理规范 193

四、帮助教师熟练支持幼儿的技能 194

第三节 教学者：持续的自我反思与互动学习 202

一、在反思中更新儿童观 202

二、建立心理咨询学习共同体，在互动中激发内在智慧 210

# 后记 /220

第一章 以关系为灵魂的『三人行』课程

所谓关系，通常指事物及其特性之间相互联系的哲学范畴，是不同事物、特性的一种统一形式，在教育中，主要是指教师和学生之间因交往而相互联系的社会关系。在学前教育领域，最重要的关系莫过于师幼关系。师幼关系是幼儿阶段的重要人际关系，是幼儿在幼儿园与教师形成的以情感、认知和行为交往为主要表现形式的心理关系。关系之所以在师幼互动中非常重要，是因为幼儿正处在人生发展的关键时期，师幼关系良好与否在很大程度上影响着幼儿的心智、情绪、成长以及未来的发展。良好的师幼关系甚至可以成为一种保护性因素，在家庭累积风险与幼儿心理韧性之间发挥调节作用。"三人行"课程强调以关系为灵魂，是因为幼儿在这一阶段的心理和认知发展需要以关系为切入点。幼儿正处于心理、语言和情感等方面的发展时期，关系是他们受到感官刺激后产生的最原始、最直接的反应，同时也是他们运用认知能力、语言能力与外界以及他人交流互动的重要途径。良好的师幼关系可以帮助幼儿建立自信心和自尊心，增强师幼之间的互信和合作，激发幼儿的学习动力和探究能力。

## 第一节 "三人行"课程的意蕴

### 一、"三人行"课程的背景

#### （一）时代背景

深圳实验幼儿园成立于 1988 年，秉承"敢为天下先、勇当'拓荒牛'"的特区精神，相承中国学前教育本土化的教育使命，与中国改革开放共成长、与学前教育研究同发展，从儿童的心智发展规律和学习方法入手，遵循儿童天性，将游戏融入学习，活动升华为课程，通过理念探索、体系搭建、生态生长、辐射完善，建构并实践了"三人行"课程，将"以儿童为中心"的教育思想创造性地转化为具有中国文化特质的课程体系，为幼儿的幸福成长埋下了种子。

"三人行"是在世界经济全球化不断发展、社会文化不断融合的大背景下提出的。在文化不断多元发展的今天，更多国外的教育理念和模式也被引入中国，如意大利的蒙台梭利教育、美国的发展适宜性教育、意大利的瑞吉欧教育，以及来自新西兰的早期幼儿教育体系等，近年来对我们进一步开展学前教育课程改革产生了重大影响。虽然国外幼儿园的幼儿教育体系经过了多年的摸索与探究，然而，这些来自国外的教育理念以及课程体系作为"舶来品"，是不是真的能够符合中国国情以及能够在中国的幼儿园当中生根发芽呢？如，美国的发展适宜性教育崇尚自由，新西兰课程融合了新西兰的毛利族文化等，这些教育和课程是能够承载本民族的文明的。这意味着我们不能完全照搬西方的教育体系，而是应该有选择地吸收、接纳、融合与创新。教育是文化的载体，在建设中国特色的学前课程体系中，我们需要建设和发展接轨世界又立足中国本土的课程体系。

在建设"三人行"课程的过程中，深圳实验幼儿园以"为孩子种下一生幸福的种子"为教育愿景，通过对课程的探索和实践，努力为幼儿打造一所有幸福记忆的乐园。在这样的理念指导下，"三人行"课程建设也围绕着幼儿当下的幸福以及获得幸福的能力展开，致力于培养自信、大方、有礼、合作、贡献、感恩的幼儿。"三人行"课程致力于培养具有自主学习、探究学习、合作学习能力的幼儿，在开展探究活动、区域活动、文化体验活动的过程中提高教师师幼互动能力，促进幼儿、教师和课程的发展。在课程的建设过程中，深圳实验幼儿园不断思考课程的核心定位，提炼践行"三人行"课程理念的途径和方法，不断学习国外先进的教学模式，结合实际进行应用实践，并在实践的过程中不断调整。

在园本课程建设中，我们既有收获和成长，又有困惑和迷茫。也正是因为这些困惑和迷茫，促使我们更加深入地去研究和探索。深圳实验幼儿园建园近三十五年，一直坚定地行走在探索园本课程发展的道路上。从"完整课程"到"三人行"课程，实验幼儿园的实践者们不断地探索与幼儿平等对话的方式，面向全体幼儿并提倡实施尊重差异的适宜性教育。在践行"三人行"课程理念的过程中，教师对"三人行"的理解也越来越深入和透彻，更加关注幼儿学习与发展的方式，成为真正的支持者、合作者、引导者。

### (二)发展阶段

**1. 立行:理念探索阶段(1988年10月至2002年2月)**

基于"完整儿童"(the whole child)的理论,从普遍性、地域性、特殊性三个方面,提出并建构了"完整"课程的概念、理念、特征、目标、内容和评价。俯下身子向幼儿学习,站起身子迈开探索的步子。1997年,我们的研究获得广东省第一届普通教育教学成果奖二等奖;1998年起陆续开展关于"完整儿童"的理论和实践探索,发表了一批论文;2019年出版了《幼儿园完整儿童活动课程》,影响了多地的幼儿园课程建设。

**2. 启行:体系搭建阶段(2002年3月至2014年11月)**

以自然、社会、文化为线索,以"人、时、空"为课程生态,完整地构建了一套扎根于一线办学实践、为我国学前教育课程改革贡献智慧的"三人行"课程。原创童话剧《宝宝回家》被列为深圳经济特区建立30周年展演项目。《凌距离 三人行——追循儿童的幸福成长》《自主深度探究·合作多元探究"三人行"课程下的儿童学习与发展》先后在教育科学出版社、北京师范大学出版社出版。

**3. 导行:生态生长阶段(2014年12月至2016年12月)**

围绕文化育人生态的生成与生长,从环境创设出发,以童心、创意、审美为原则,打造园所文化。依托"幼儿园室外学习环境的开发与利用""基于家长社团丰富园本课程的行动研究"等省、市规划课题,形成了渗透中国审美的学习环境、贯穿中国智慧的交往文化。《构建一个创造的学习环境》《艺术即经验》等相关论文先后在《人民教育》发表。

**4. 拓行:成果辐射阶段(2014年12月至今)**

作为深圳市重大成果推广项目的负责园所,强调品质幼儿园的担当与责任,从2014年开始,通过学术交流、管理输出、课程推广、信息化平台、家长社团五个方面进行成果的推广,连点成线、线结成网、织网成体,辐射广东省内外50余所幼儿园。2017年受邀参加国际OMEP(香港)大会,2019年、2021年连续参加国际早期儿童艺术研讨会,与国际幼教同行建立了高频次的对话、沟通、合作关系。

## 二、"三人行"课程的价值

### （一）促进幼儿的发展

当下的幼儿园课程存在功利化和"小学化"的倾向，这些是有悖教育理念和幼儿发展规律的，是不利于幼儿可持续发展的。早在18世纪，法国教育家卢梭提出，儿童教育是自然教育，应该顺应自然规律；美国教育家杜威曾提到，传统教育只是拿成人所积累的知识，把一些和成长不一定相关的东西强加给儿童，教育应该了解儿童的需要，以儿童的需要为出发点；美国心理学家皮亚杰通过对儿童的实验和观察发现，如果教育活动超过了儿童的需要，就会阻碍儿童的正常发展；美国心理学家格赛尔通过孪生子爬梯实验发现，儿童的身心发展是一个自然成熟的过程，在身心成熟达到一定程度时，教育才能使其发展有所加快。

国内外有关理论和研究都表明，幼儿教育要以幼儿身心发展规律为出发点，摒弃世俗化、功利化的教育误区，这样才能真正体现教育的意义，才能真正促进人的发展。2001年教育部颁布的《幼儿园教育指导纲要（试行）》（以下简称《纲要》）指出，要尊重幼儿身心发展的规律和学习特点，并明确指出幼儿园教育是我国学校教育和终身教育的奠基阶段，要为幼儿一生的发展打好基础，强调教育活动要既符合幼儿的现实需要，又有利于其长远发展。[1] 发展适宜性实践强调，对幼儿的发展特点、个体差异，以及幼儿所生活的社会文化背景应高度重视，这一理念的提出在教育界，特别是幼儿教育界受到了广泛关注。

"三人行"课程理念强调幼儿的发展应是可持续的，超前的、填鸭式的幼儿课程对幼儿未来的发展极为不利，幼教工作者应寻找相应的对策，来纠正幼儿教育中的不良倾向。深圳实验幼儿园的课程重视幼儿的可持续发展，坚持科学保教，真正引导幼儿走向"快乐生活、健康成长"。

### （二）促进教师的发展

深圳实验幼儿园走的是课程发展和教师发展一体化的道路，正是有了教

---

[1] 教育部基础教育司.幼儿园教育指导纲要（试行）解读[M].南京：江苏教育出版社，2002：47-48.

师的发展，才有课程的发展。

课程改革与教师专业发展是统一的。英国著名的课程论专家斯腾豪斯（L.Stenhouse）提出，"课程发展即教师发展"，"课程改革不仅仅可以改进教学，并且可以促进教师不断更新专业知识和能力结构，提高教师的教学水平。"① 康奈利（F.M. Conmelly）等人一方面阐述了教师对课程改革的重要性，教师是"课程设计者"，是课程实践事件的"自主代理人"，另一方面强调了教师参与课程改革能促进自身的不断发展。② 在课程改革的背景下，教师的持续发展主要表现在以下两个方面。

第一，课程改革需要持续的教师发展。当前的幼儿园课程改革进入了一个新的时代，国家课程、地方课程和园本课程相容并包，在这样的课程改革框架下，教师作为活跃在教育实践第一线的人，不仅是课程的实施者，也是研究者，是课程改革的主力军。教师是课程能否发挥效能的直接因素，教师的课程理念直接影响着新课程的具体实施，牵系着课程改革的进行。新时期的幼儿园课程改革强调以幼儿为中心，强调幼儿自主性的发挥，这些对于教师而言也是极大的挑战。所以，教师必须从观念、角色和方法等各个方面做出战略性调适，丰富自身的专业知识，提高实践反思能力，优化自身专业素质结构，保持与新课程的同步成长。

第二，课程改革能够促进教师的发展。课程发展工作能提供一个独特的机会让教师聚在一起，互相学习，发展新知，促进彼此的专业成长。根据建构主义学习理论，幼儿教师的专业发展是在已有经验的基础上，通过与环境的相互作用而自主建构知识经验的过程。教师参与课程改革后，会面临新的教学观念、新的教学材料以及新的教学策略。教师以研究者的身份关注自己的教学实践，以批判反思的眼光进行研究，有助于教师形成对教学、课程和自身的理解，促进教师的知识建构，从而促进教师的不断发展。

课程改革是一个系统工程，教师发展是其重要组成部分，幼儿教师的专

---

① Stenhouse L. A Introduction to Curriculum Research and Development[M]. London: Heinemann, 1975: 79.

② F. Michael Connelly and Miriam Ben-Peretz. Teacher's Roles in the Using and Doing of Research and Curriculum Development[J]. Journal of Curriculum Studies，1980 (2): 106.

业素养是影响园本课程质量的关键因素。然而，幼儿教师专业发展不是立竿见影、一劳永逸的，会随着课程改革的进行而不断变化发展，是持续的、动态的发展过程。

（三）促进课程的发展

中国学前课程的百年发展历程证明，学前课程受政治、经济、文化等因素的影响，学前课程具有历史性、时代性、民族性。学前课程的变革不是简单的自身变革，不只依赖幼教界、教育界的学术研究和观念变革，还依赖社会大系统的整体演变。

在一个开放的、宽松的、民主的社会背景中，学前课程承担起培育民族幼小的心灵、强健整个民族根基的历史责任。中国学前课程的发展需要更开放、更民主、更富强的社会大系统的支持，社会大系统应当进一步尊重学前课程的特点、规律等。中国学前课程应当发展得更扎实、更稳健、更高质量，中国学前课程的明天会更美好。

## 三、"三人行"课程的内涵

"三人行"一语出自《论语·述而》篇："子曰：三人行，必有我师焉。"常被用来表达低调做人、虚心问学的态度。用"三人行"作为我们的课程名称，体现了我们对待学前课程秉持着可持续发展的开放心态和与时俱进的课程文化。

《国语》："三人为众，数成与三也。""三"这个数字在中国传统文化中是代表多的大数，或是一定数量物体的总数。康德指出："每一类中所有范畴之数常同为三数之一事，实堪注意。"笛尔斯得出结论说，三的神秘性质起源于人类社会在计数中不超过三的那个时代。那时，"三"必定表示一个最后的数，一个绝对的总数，因而它在一个极长的时期中必定占有较发达社会中的"无限大"所占有的那种地位。[①] 在中国古代文明相当发达的时期，"三"担当着多数或全数的角色，《老子》中"道生一，一生二，二生三，三生万物。"蕴含着中国古人对世界的认知方式和心理定式，在指称多数的时候，二犹不

---

① 列维·布留尔. 原始思维 [M]. 丁由，译. 北京：商务印书馆，1981：202-203.

及，四则过之，唯有三最宜于做多数的代词。清代汪中文集《述学》中有一内篇即《释三九》论述了"三"的概念：三指多，虚数也。《周易》中的"近利市三倍"，《诗经》中的"如贾三倍""季文子三子而后行"；《论语》有"焉往而不三黜"，《孟子书》中陈仲子食力"三咽"；管仲"三仕三见逐于君"，范蠡"三致千金"，所以说，"三"是虚数，代表着多的意思。

在"三人"这两个字当中，除了我们所理解的幼儿、教师、家长三人以下，更多的还有三人成众的含义在其中。合作，在当下多元文化的发展背景下，被认为是新世纪人才所需要的核心素养，也是我们所追求的基本能力。在早期教育阶段，让幼儿学会交往、沟通、合作是我们想要通过园本课程送给幼儿的一份礼物，让他们获得终身学习和发展的重要能力。

"三人行"课程当中还有一个重要的核心就是"行"。"行"的意思就是在路上。德国存在主义哲学家海德格尔（Heidegger）认为，人生存的印记就是"在路上"，在对待曾在、现在、将在的关系上，他更重视现在。"行"还意味着"在过程中"，幼儿的发展、教师的发展、课程的发展等都在过程中，这也体现了可持续发展与科学发展的观念。《3—6岁儿童学习与发展指南》（以下简称《指南》）中提出，幼儿的学习是以直接经验为基础的，直接经验的获得又有赖于幼儿的直接感知、实际操作和亲身体验。而这些，都是我们通常所说的——行。在实践中学习和成长，在实践中尝试深度的、探究性的学习，是幼儿和成人都应当遵循的学习方式，也是"三人行"课程理念中的核心价值。

由此，我们可以发现，"三人行"课程不仅包含了满足当前社会对培养人的核心素养要求的价值和理念，更符合幼儿学习和发展的身心规律和年龄特点所构建的理论框架。相信这样的理论框架，不仅是立足现在的，更是放眼未来的；不仅是立足中国的，更是放眼世界的。

---

① 三黜：多次被罢免。——作者注

## 四、"三人行"课程的特点

### （一）注重幼儿的"行"

"三人行"的"行"强调的是幼儿主动的行动、探究和学习，幼儿的思维是以直接行动思维为主，只有通过身体力行，幼儿才能获得最直接的经历与经验，从而获得对事物的认知。幼儿在学习过程中，听过的信息属于短时记忆容易遗忘，看过的、有印象的更容易记住，做过获得了直接经验更容易理解。华东师范大学钟启泉教授强调知识不是游离于认识主体之外的纯粹客观的东西，学习过程也不是打开"知识百宝箱"向学生移植信息那么简单机械。学习乃是学生建构他们自身对于客体的理解，即知识是由学习者主动建构的。倘若没有学生积极地参与他们自身的知识表达，学习就不存在。从知识社会学的观点看，知识是由认知主体与外在世界进行社会互动，即个体与社会文化价值互动的结果。[①] 幼儿不是被动的信息接收者，他们通过智力活动去建构知识。[②] 幼儿的活动产生于自身的兴趣和意向。幼儿自己选择材料，并运用所有的感官主动探究，通过转换和组合各种材料发现事物间的关系。因此，为幼儿创设直接感知、亲身体验、动手操作的机会，是帮助幼儿获得知识的最佳途径。我国幼儿教育界亟须进一步树立起让幼儿主动学习的观念并致力于将它转变成切切实实的教育行为，落实到每日的教育活动中。正如联合国教科文组织国际教育发展会在《学会生存——教育世界的今天和明天》中指出的，教育现代化的因果链是科技的高速发展—学会生存—学习化社会、终身学习—自我教育—学会学习。

在"行动"中学习不仅是学前教育长期以来的价值诉求，更是学前教育在当前形势下的发展要求。近年来，一些幼儿园出现违背幼儿身心发展特点和教育规律的"小学化"倾向，危害到幼儿的"快乐生活和健康成长"。《幼儿园工作规程》（以下简称《规程》）明确指出，注重幼儿的直接感知、实际

---

① 钟启泉. 概念重建与我国课程创新——与《认真对待"轻视知识"的教育思潮》作者商榷[J]. 北京大学教育评论，2005（1）：48-57.

② Hohmann M. and Weikart D. P., Educating Young Children: Active Learning Practices for Preschool and Child Care Programs, Ypsilanti, High/Scope Press, 1995: 24-25.

操作和亲身体验，保证幼儿愉快的、有益的自由活动。《指南》也强调幼儿的学习是以直接经验为基础，在游戏和日常生活中进行的。我们应重视游戏和生活的独特价值，创设丰富的教育环境，合理安排一日生活，最大限度地支持和满足幼儿通过直接感知、实际操作和亲身体验获取经验的需要，严禁拔苗助长式的超前教育和强化训练。所以，坚持"三人行"的"行"是学前教育的必由之路，行知合一是学前教育的必经之道。

### （二）重视合作学习

"三"这个数字在人类的童年时期，就是代表多的大数，或者一定数量物体的总数。康德指出，每一类中所有范畴之数常同为三数之一事，实堪注意。[①]"三人行"代表着儿童一起合作学习，与维果茨基对社会性交往的重视以及最近发展区的思想一致。维果茨基认为，促进发展的教学是以合作为基本形式的，学生在与比自己水平稍高的成员的交往中将潜在的发展区转化为现实的发展，并创造更大的发展可能。社会建构主义运用维果茨基思想，重视学习的社会性，强调知识存在于社会情境，重视合作学习、共同发展，以及教师应通过与学生的共同建构来传递知识，这些思想反映在课堂教学和学生学习中，就形成了所谓的合作学习模式。日本学者佐藤学认为，合作对话的学习实践能够重建世界、重建自身与重建伙伴。[②]在探究过程中让幼儿和他人进行对话、交流，可以使幼儿头脑中那些"由于直觉思维而自然出现的一些没有根据的观念结构在谈话中受到挑战"。"当儿童倾听和理解他人的观点并且扩展他们原有概念以找到共同的基础时，当儿童同他人合作、辩论、考虑新的可能并改正他们的观点以便进行交流或说服他人时，他们就在参与的过程中发展了自己的观点。"[③]

### （三）尊重个体差异

"三人行"并不意味着千篇一律的幼儿教育。多元智能理论认为，幼儿的智能结构整体表现出很大差异，不同智能在人的身上的不同组合给出了人

---

① 康德. 纯粹理性批判 [M]. 蓝公武，译. 北京：商务印书馆，1982.
② 佐藤学. 学习的快乐：走向对话 [M]. 钟启泉，译. 北京：教育科学出版社，2004.
③ 阿林·普拉特·普莱瑞. 幼儿园科学探究教学：科学、数学与技术的融合 [M]. 霍力岩，等译. 北京：教育科学出版社，2009.

与人不同的最佳理由。幼儿的智能并不是在每个领域平均分布，每名幼儿都有相对的智能强项或弱项。幼儿存在的个别差异也反映了发展的个别需要，这在一定程度上决定了课程内容的多样性、复杂性和针对性。

中国古代教育家孔子首倡因材施教，他主张教育的前提条件是了解学生间的个别差异和特点，在了解学生的基础上，有针对性地施以教育。中国古代的道家思想也反映了个性教育的重要性，它强调尊重人的个性，发扬人的个性，主张个体主观能动性的发挥，拒斥个体千人一面，提倡顺其自然地进行教育。唐代学者韩愈认为人的才能和树木材质各不相同一样，教师因人而教，学生才能各尽其才。宋代胡瑗根据学生的不同兴趣和才能进行分斋教学，学生可以在"经义"和"治事"两斋中任选一种。明代的王守仁提出了要考虑儿童整体差异与个体差异的观点，教育要因材施教，一方面要看到儿童整体的年龄特征，另一方面要看到个人差异。他认为只要方法得当，人都是可以成才的。

西方教育史关于个性教育的论述也很有见地。柏拉图的个性教育强调环境、个人生活状况、政治地位、经济条件等对人的形成均有影响。亚里士多德根据他的观察看到了儿童群体差异的存在，提出了教育的年龄特征问题，他提出应根据儿童的生理发展划分年龄阶段，并依据年龄阶段制定不同阶段的教育任务。古罗马演说家昆体良也很关注儿童的个体差异，他认为人的禀赋不同，教育的方法也应随之不同，必须遵循儿童年龄的特点，要了解并且确定儿童在不同年龄阶段的接受能力。近代以来，伴随着人文主义教育思潮以及现代西方的新教育思想，个性教育的理念日趋成熟。卢梭批判封建主义不顾儿童天性发展的经院教育，把儿童看成"小大人"，抹杀了儿童与成人的区别。他指出，每个人的心灵有它自己的形式，必须按它的形式去指导他，必须通过它这种形式而不能通过其他的形式去教育，才能使你对他花费的苦心取得成效。[①] 第斯多惠在《德国教师教育指南》一书中谈到了对于学生个性的尊重问题。他把学生看作教学的主体，认为学生的身心发展条件是制定教学原则的主要依据。他提出适应自然，遵循学生的年龄和个性特征以及

---

① 卢梭.爱弥儿 论教育：上卷[M].李平沤，译.北京：商务印书馆，1978.

发展阶段，教授学生真正需要的知识。①

国外很多优秀的课程模式都体现了尊重幼儿差异的课程理念。如，光谱教育方案提出了个别化教育，它是建立在了解每名幼儿智力特点的基础上的，强调在可能的范围内发展不同的教学方式，使具有不同智力的幼儿都受到同样好的教育；瑞吉欧的方案教学强调对幼儿兴趣的尊重，他们的小组工作、深入研究、记录、图像语言从不同的角度指向幼儿的差异性与主体性；发展适宜性实践强调幼儿的"年龄的适宜性"和"个体的适宜性"。《指南》指出，幼儿的发展是一个持续、渐进的过程，同时也表现出一定的阶段性特征。每名幼儿在沿着相似进程发展的过程中，各自的发展速度和到达某一水平的时间不完全相同。要充分理解和尊重幼儿发展进程中的个别差异，支持和引导他们从原有水平向更高水平发展，按照自身的速度和方式到达指南所呈现的发展阶梯，切忌用一把"尺子"衡量所有幼儿。需要注意的是，虽然教育的结果之一表现为差异，但差异不是个性化课程追求的最终目标，教育的最终目的是促进幼儿富有智慧地发展，让幼儿成为一个具有主体性智慧的人。

## 五、"三人行"课程的组织形式

深圳实验幼儿园致力于为幼儿种下一生幸福的种子，培养身体健康、情感积极、习惯良好、思维创新的幸福幼儿。课程实践的最终目的是3—6岁幼儿的幸福成长。那么如何实现幸福愿景，这是深圳实验幼儿园的教育实践者们需要精心设计的，在多年的课程改革与探索中，为了达成幸福目标，我们逐渐确定了三种组织形式，即综合探究活动、区域游戏活动与文化体验活动。

### （一）综合探究活动

综合探究活动是深圳实验幼儿园在漫长的幼儿园课程改革过程中基于我国当前的社会、经济发展对于人才培养的要求，而提出的"三人行"课程理念与方案教学融合下的一种教学方法，它是"三人行"课程理念对于方案教

---

① 王天一，等.外国教育史：上册 [M].北京：北京师范大学出版社，1984.

学的有效运用，更具有中华文化特色，从幼儿的最近发展区出发，同时尊重每一位教师的教育观点与能力特点。幼儿在这种学习活动中，既有深入的自主探究，又有多元的合作探究；教师的定位是多元的，是支持者、合作者、引导者与资源提供者。

杜威认为"problematic"（问题的）是促进儿童学习、组织建构知识的主要因素；儿童在与他人的对话、交流中，他们的想法、解决问题的思路会明确化和外显化，他们可以更好地对自己的理解和思维过程进行监控。因此，在综合探究活动中，以探究的形式，教师引导幼儿亲自处理探究的全过程，包括信息的收集、方案的设计、主题的实施以及最终的探究结果评估等环节，让幼儿自主学习、主动参与，充分实现幼儿的主动学习、创造性学习，教师在这个过程中要引导幼儿进行对话和交流，并作为一个合作者和参与者，以一种倾听、开放、接纳那些意料之外答案的态度，让幼儿通过对话和交流，更加明确自己的想法与思路，并提供证据进行解释，从而提高探究活动的质量。

综合探究活动的价值主要体现在以下三个方面。

第一，以探究作为学习载体，凸显学习过程的重要性。

转变"教师教、幼儿学"的被动教学模式，形成了以探究为载体，幼儿在教师指导下完成探究全过程的教学模式。也就是幼儿自主探索活动任务、解决出现的问题以及最终形成探究成果，并进行展示和自我评价，而不再是以教师安排的已有知识作为学习的目标，更不是以教师要求为标准得到一致的结果，学习的重点不是学习结果而是学习过程，在整个探究过程中提升幼儿的学习能力、知识水平以及促进幼儿的全面发展。

第二，以自主学习为基本路径，有利于培养幼儿主动学习的能力。

幼儿是整个探究过程的主体，幼儿通过小组合作，共同收集信息，设计方案，解决问题，从而完成探究形成成果。从探究前期的准备工作，到过程中的合作学习，再到最后的成果展示评估，幼儿始终是主体，教师不是教学的中心，而是幼儿学习过程中的引导者、支持者和材料提供者。教师引导幼儿设计方案解决问题，创设支持幼儿探究学习的环境和材料，并且作为幼儿成果的重要评估者。从这三个方面来说，综合探究充分调动了幼儿学习的主动性，保证了幼儿学习的主体地位。

第三，将理论与实践相结合，有利于提升学习的有效性。

一方面，在内容选择上，由以课堂知识为中心转变为以幼儿实际经验为中心，教师和幼儿共同确定探究主题，设计和制订探究的工作任务，而主题和任务往往基于幼儿的实际问题和现实情境。另一方面，在实施路径上，幼儿在探究实践过程中解决问题，探究问题的本质、原理，提出理论假设，从而制订解决问题的方案，最后进行验证。这个过程是从理论中来，到实践中去，理论与实践相结合，循环往复的过程，并且最终形成具有实践意义的探究成果，提升学习的有效性。

综合探究活动在"三人行"课程理念指导下进一步凸显探究学习过程中的主动性与合作性，结合本土化实践，成为内涵丰富、特征鲜明、实践导向、主动探究、合作学习的教学方式。具体来说，它是围绕一个主题，不是单一的知识点，而展开的跨领域的综合性学习。学习过程有赖于教师、幼儿、家长的多方参与，通过共享资源、合作行动、分享经验、语言交流、自主表征等途径来完成。

### （二）区域游戏活动

区域游戏活动是幼儿主导的一种低结构学习活动形式，它是幼儿在室内空间范围内，自主选择、操作开展的游戏与学习活动，也称为活动区活动、区角活动等，是教师依据幼儿的兴趣、需要、发展水平等因素，结合幼儿园的教育目标、正在进行的其他教育活动等，有目的、有意识地创设和规划活动区域，投放适宜的活动材料，让幼儿以个别或小组的方式，在与环境的相互作用中，自主选择、操作探索，获得个性化学习与发展的一种教育活动。[1] 区域游戏活动是"三人行"课程中幼儿学习的重要形式之一，是幼儿自主发现、持续探究、解决问题的过程。在区域游戏的过程中，一方面，幼儿是自主的，自主选择、自主操作，按照自己的兴趣展开学习；另一方面，由于区域游戏活动过程的持续性与学习内容的深入性，幼儿会持续探究一个主题内容，为了解决这一探究主题中遇到的问题，不断使用各种策略、掌握系列技

---

[1] 邵小佩.幼儿园课程与教学[M].北京：北京师范大学出版社，2015.

能以及拓展自己的经验。因此,"三人行"课程中区域游戏活动的价值主要体现在以下三个方面。

第一,区域游戏活动可以充分满足幼儿的好奇心。

好奇心是儿童时期重要的心理特点与学习品质之一。当幼儿展现出好奇心时,他们想让你知道自己想要探索和了解这个世界,这也证明了幼儿天生是研究者,他们会根据自身经验提出假设,再通过一系列实验活动验证心目中的假设。幼儿天生的好奇心,不仅需要我们的保护,更需要我们的挖掘与升华。

《有力的师幼互动》一书中提到,好奇是有力的互动的"邀请",每天从早到晚,幼儿都在向你展现着他们的好奇心。这些时刻是进行有效互动的成熟时机,因为幼儿在这些时刻有动力、渴望去思考和学习。虽然教师不再做单纯的知识传递者——直接教会幼儿知识与技能,却要肩负起启发幼儿思考、帮助幼儿建立与周围世界联系的责任。教师要不断给幼儿提供材料、资源,在幼儿探索的过程中,倾听幼儿的表达,想办法让幼儿的探索不断深入开展下去。教师要不断地思考幼儿与材料的关系,帮助幼儿充分体验环境材料,建构属于他们自己的理论。

第二,区域游戏活动可以促进幼儿思维的发展。

根据皮亚杰的认知发展理论,儿童有着自己独特的认知图式。他们通过同化与顺应两种方式来不断地完善自己的认知图式。这里的认知图式就是儿童的思维模式。同化是个体丰富已有认知经验的过程;顺应是个体打破原有认知图式,为适应外界环境而重构认知经验的过程。可以说幼儿天生是理论家,这些理论就是他们对世界的各种看法。这些看法与外界物质环境一致吗?幼儿一直在用他们的各种探究行为验证着这些理论。在区域游戏中这些探究行为的主题以一个个问题呈现,解决问题的过程就是幼儿不断同化与顺应自己认知图式的过程。当一个个问题被发现、被解决,他们的思维也就获得了积极主动的发展。

第三,幼儿将在区域游戏的过程中,应用知识与技能,整合已有的认知经验。

区域游戏活动不同于学科教学,它不会仅仅围绕某一个领域的内容展开学习活动，也不会仅仅是知识经验的模仿与习得，而是围绕幼儿真正感兴趣、迫切需要解决的问题而展开的。幼儿为了获得某一问题的答案，将会主动地应用自己已有的知识与技能，整合不同领域的知识经验。

### （三）文化体验活动

文化体验活动是"三人行"课程中的重要组成部分，它包括了艺术表征、科技创新、传统节庆三个部分的内容，并通过"活动准备——了解体验——表达收获"的路径使幼儿感知传统文化的内涵，感受深圳科技的魅力，凝聚文化自信，培养民族归属感。

日本教育家佐藤学认为，学校应当作为文化体验——在日常生活中不能经验到的文化洗礼——的神圣场所加以重建；学校应当通过这种"象征性经验"，构筑文化与社会的新关系，成为领悟、改造深深制约着入场生活的文化的据点。所谓"文化洗礼"就是教师、学生、家长进入"互相学习的关系"，通过这种"象征性经验"为终身参与校外广泛的知性共同体的创造做好准备。[1] 作为这种学习共同体的学校的蓝图，在课堂教学中，以实现活动性、合作性、表现性的学习为课题，重视建立人与人之间的对话交往关系，因而师幼之间更应该敞开心扉对话，以平等者的姿态互相交流。从整体的文化体验活动来看，教师需要与家长、幼儿、教育相关者等进行充分的沟通，全面了解幼儿的文化背景与成长情况，进而与幼儿展开平等对话式的教学活动，充分激发幼儿的思考和想象，尊重幼儿的主体地位，激发幼儿的提问意识，为幼儿提供充足适宜的学习资源，在体验式的教育情境中不断生成新的教学内容。

在幼儿园向时代化、数字化迈进的过程中，我们发挥"园—家—社"同心圆辐射作用，资源联动，努力通过环境创设、文化创意、课程建设与文化传承实现交融共进，使幼儿园的教育根植于博大精深的中国文化，体现中国审美与中国智慧，让幼儿园成为中华优秀传统文化传承的家园。

文化体验活动的价值主要体现在以下几个方面。

第一，关注师幼共同的学习兴趣点，感受文化内涵。

---

[1] 佐藤学.课程与教师[M].钟启泉，译.北京：教育科学出版社，2003.

文化体验活动的主题包括了艺术表征、科技创新与传统文化，这些主题以幼儿在家庭、社会场所等接触到的文化要素以及被这些要素所激发的兴趣点为出发点，进而构建出有助于满足幼儿发展需求和答疑解惑所需要的文化体验课程。如，在当今社会，我们的生活越来越离不开科技，衣、食、住、行中都有现代科技的影子。作为在深圳长大的孩子，时刻都能在生活中感受到科学进步带来的便利。当幼儿对机器人、平衡车等感兴趣的时候，我们就把它们搬进幼儿园，教师可以与幼儿共同了解机器人的奥秘，组织关于机器人的主题活动等，从而扩展幼儿有关机器人的知识。或者将课程的组织思路反过来，幼儿园组织"科技节"的相关活动，创设充满教育意蕴的环境，从而激发幼儿对科技的兴趣，进一步指导幼儿在家庭、社会等非学校场所去进一步感受文化与科技的内涵。

　　第二，有利于促进中华优秀传统文化与幼儿园教育的融合。

　　文化体验活动的重点不在于让幼儿熟练掌握某种文化知识或技能，而在于让幼儿感受传统文化的丰富多彩，体验传统文化的情感内涵，分享传统文化带来的乐趣，从而让中华优秀传统文化的理念、智慧、气度和神韵等成为植根幼儿内心深处的精神血脉和文化素养，激发幼儿内心深处的最早的文化自信和最初的民族自豪感，这是我们进行文化体验活动中传统节庆文化最重要的意义所在。在传统节庆活动中，我们将一年的节日、节气分为连续的教学版块，以幼儿的文化兴趣为出发点，依据幼儿不同的年龄层次，在不同的时间阶段建构适宜当下节日氛围的文化活动，从而引导和锻炼幼儿以中国儿童的视角思考问题。

　　适宜在幼儿园开展的传统节日有春节、元宵节、清明节、端午节、中秋节、重阳节等，每个节日都可以开展丰富多彩的民俗活动，如春节的逛庙会、闹新春，元宵节的猜灯谜、搓元宵，清明节的放风筝、讲故事，端午节的赛龙舟、包粽子，中秋节的吃月饼、赏月，重阳节的登高、吟诗等，传统节庆活动彰显出强烈的文化气息，焕发着浓厚的生活情趣，可以有效激发幼儿对生活的探究兴趣和对中华优秀传统文化的认同感和亲近感。同时，根据节庆特点布置环境，在家长的配合下创造良好的节庆氛围，投放材料，让幼儿说、唱、跳、画、演、玩、吃等，体现丰富的教育价值，实现中华优秀传统文化与幼儿园教育的有机结合。

第三，有利于促进教师与幼儿的合作，丰富幼儿的艺术表征。

与传统的幼儿教育认为幼儿是需要被教育的，课程是教师教、幼儿学的教学模式不同的是，"三人行"课程中的教师们相信幼儿是有能力的学习者，他们为幼儿的学习提供必要的支持。文化体验活动的实施，通过教师与幼儿平等民主的参与式交流，使幼儿获得积极体验，通过师幼之间的协商对话，使教师在了解幼儿个体需要的基础上对幼儿进行个性化的指导。教师是幼儿学习的最佳合作者。教师通过提问幼儿、倾听幼儿、与幼儿共同完成体验式活动可以获得更好的教学效果。如，在庆祝中秋节的活动中，师幼可以共同制作月饼、品尝月饼，共同制作花灯，共同进行故事表演等，这些活动的完成需要师幼频繁的互动和交流。

幼儿有不止百种语言，艺术是很好的表达方式。在文化体验活动中，我们有专门的艺术指导教师帮助师幼运用丰富的艺术材料，如黏土、颜料等，支持、鼓励幼儿进行多元表征，帮助他们丰富、深化活动体验，进一步促进幼儿表征能力的发展。幼儿在与周围的人、事、材料互动的过程中，通过感受和回忆这些直接经验，逐渐建构知识并认识他们所理解的世界。幼儿通过表征展现出他们对事物特性、关系的理解，以绘画、语言的再造形成自己的认识。通过文化体验活动，普通的材料会被幼儿赋予意义，通过语言描述、情感表达，进而呈现出丰富的艺术语言，这也是幼儿在学习以及内化知识的过程中所运用的工具以及内在思维的呈现。

## 第二节 "三人行"课程中的幼儿与教师

### 一、"三人行"课程中的幼儿

#### （一）幼儿是自主学习者

"三人行"课程的儿童观是，每名幼儿都是一颗幸福的种子，每颗种子都是一个多彩的世界。也就是说，在"三人行"课程中，幼儿是主动的、有能力的学习者。对于 3—6 岁的幼儿来说，自主性是指依靠自己的力量实现自己合理选择的目标的愿望和能力。反映的是一个人在活动中的主体地位，是在一定条件下，个人对自己的活动具有支配和控制的权利和能力。自主学习者，就是幼儿能够按照自己的意愿，带着自己的问题，在自己的感知探索中，按照自己的方式解决问题，并获得发展的过程。这样的学习不是死记硬背知识的浅表学习，而是更多基于幼儿自身兴趣和真实问题的深度学习，让幼儿有更多的机会调动自己的已有经验，在解决问题的过程中，发挥自己的能动性和创造性，重组、改造和获得新的体验，取得高效的发展。

正如南京师范大学虞永平教授所言，幼儿有自己的需要和兴趣，教育就是引发幼儿内在的潜能，让幼儿有机会从事适宜的活动，以便更好地调动已有的经验并获得新经验。① 所以，教育的目的不是将成人认为有价值的一些知识强塞给幼儿，而是保护和激发其自发学习的欲望，乐学、好学、会学更重要。乐学、好学强调的是幼儿学习的自主性和热情，会学强调的是学习的方法和能力。因此，幼儿是学习的主体，幼儿在个体的自主建构中进行独立、自主、创造性的学习。自主的发展是一个自主学习、自我服务、自我完善、自我超越的过程。

**（二）幼儿是探究学习者**

《指南》的重要原则之一是要满足幼儿通过直接感知、实际操作、亲身体验获取经验的需要，可见，幼儿的学习需要他们运用自己的感官、动作通过操作、体验和探究去认识周围的世界。在"三人行"课程理念中，行动是幼儿学习与发展的基本路径。"三人行"课程中的"行"强调的是幼儿主动的行动、探究和学习，幼儿都是天生的科学家，有着强烈的求知欲和探索欲。因此，在"三人行"课程视角下的幼儿是探究学习者，具备喜欢探究、主动探究的学习品质，乐于主动丰富自己的经验世界。

"三人行"课程将保护幼儿探究原动力作为一日活动组织的原则之一，时刻提醒着教师要鼓励和支持幼儿在日常生活中的探究行为。探究性学习也是幼儿园课程实施中幼儿的一种主要学习方式，幼儿在参与活动的过程中发

---

① 虞永平. 幼儿园课程建设与教师专业成长 [J]. 中国教师，2020（1）：81-85.

现问题，在实践操作中解决问题，通过亲身感知、实际操作获取直接经验，然后应用经验，成为学习的主人，打破以往以教师为主体的接受式学习模式。

陈鹤琴先生认为，孩子要自己做，自己生活，自己从中得到快乐，从做中获得各种知识，学习各种技能，做是孩子的权利。"三人行"课程是基于幼儿视角的课程，回归原点看待幼儿的学习，支持幼儿的探索与发展，在行动中学习，让幼儿以探究学习者的身份在活动中自主选择、尽情探索，获得各种有益于身心发展的经验，正如陈鹤琴先生所说的"在做中获得各种知识，学习各种技能"。

**（三）幼儿是合作学习者**

在"三人行"课程中，幼儿是合作学习者。"三人行"课程的教育观是：关系是教育的灵魂，快乐是教育的原则。关系在"三人行"课程中非常重要，要想让幼儿建立与周围人和事的和谐关系，培养幼儿合作学习的品质与能力就显得尤为重要。

在"三人行"课程理念下，幼儿的学习是自主建构和与他人进行社会建构的统一。幼儿的学习绝不是孤立的。幼儿合作学习是指两个以上的幼儿围绕一个共同目标，通过分工协作的形式，在克服一定困难、齐心协力完成任务或解决问题的过程中所发生的学习。幼儿学会合作的前提是具有一定的人际交往能力。人际交往有以下几个基本功能：交流信息；组织共同活动；形成和发展人与人之间的关系，增进人与人之间的相互了解。幼儿知识的获得固然来自自己的经验和感受，但是，在交往的过程中与别人分享也在无形之中扩大了幼儿的信息渠道。人际关系越丰富，幼儿就越能在广阔的交往空间中得到更广阔的发展。人际关系良好的幼儿通常表现出积极、乐观、自信的个性特征和更多的亲社会行为。

同样，我们知道人生活在社会中不是孤立的，合作能力是当前社会对人才要求的一种基本素质。对于幼儿来说，共同游戏、解决问题时的分工、交流与分享、互助与支持都可以被看作是一种合作。幼儿通过沟通、协调、联合来展开合作是幼儿共同活动必不可少的条件。在幼儿的发展过程中，能够共同游戏是其社会性发展中的重大进步。

另外，通过"三人行"课程中的项目合作学习，幼儿能够通过从教室出发，走出教室、放眼户外、再回到教室，了解和认识更多的人，除幼儿、教师以外，可以是父母、祖辈或其他家庭成员，也可以是他们的朋友，还可以是其他与该项目有关的服务人员或专家。幼儿通过参观、询问、观察、记录等方式搜集信息，在与同伴合作动手、分享交流的过程中丰富和完善经验，在提出问题、寻求答案的过程中主动学习，从而提升已有经验，体验学习的乐趣。

## 二、"三人行"课程中的教师

### （一）教师是观察者

观察是教师最重要的工作。通过观察，教师可以解释幼儿的行为，采取恰当的教育策略。观察提供了一个"深入幼儿内心的窗口"，能使教师试着去理解"幼儿的头脑里究竟在发生什么"。瑞吉欧认为，教师在幼儿学习的过程中最好不要急于介入，教师先观察幼儿在这一学习情境中用了什么。当教师真正理解了幼儿的学习方式，他们的教学方法就会有所改变。建构主义理论认为学习不是由教师把知识简单地传递给学生，而是由学生自己建构知识的过程。《幼儿园教师专业标准（试行）》强调了教师在倾听和观察、引导和支持、反思与发展等专业能力方面的重要性。可以说，在建构幼儿适宜的课程中，教师专业的观察、识别与支持起着关键作用。"三人行"课程认为实施教育，观察先行。教师只有在充分观察的基础上，才能对幼儿的活动情况做出正确的判断，有的放矢地引导，帮助幼儿获得发展，并使活动得以延伸。只有通过观察，教师才能知道幼儿是否需要更长的时间去玩，材料恰不恰当，经验丰富程度如何等，再决定是否加入幼儿的活动，以帮助幼儿发展经验。

### （二）教师是支持者

《国家中长期教育改革和发展规划纲要（2010—2020）》明确指出，教育大计，教师为本。有好的教师才能有好的教育。那么，在"三人行"课程中，什么样的教师才能被称为好教师呢？基于《幼儿园教师专业标准（试行）》，我们认为一位好的教师需要有正确的价值观、教育观，还需要有终身学习的能力和良好的专业素养。良好的专业素养体现在教师是有准备的教师，应该为幼儿的成长搭建支架，支持幼儿的学习与发展。

"三人行"课程以幼儿为主体，相信幼儿是有能力的学习者，这样的儿童观就决定了我们在开展教育活动时，不是简单地给予，而是基于对幼儿的观察和了解，支持幼儿的学习。因此，在开展活动前，教师应该为幼儿搭建平台，提供机会，为他们创设一种充满尊重、安全感与支持的环境，让幼儿能够在这种环境中自由探索、主动探究；在开展活动时，教师首先要观察幼儿的表现和行为，再对自己观察到的现象进行分析，进而制定支持幼儿的策略，最后实施策略。在整个教育活动中，教师的支持行为是在观察、分析、决策、实施四个环节中循环往复的。可以看出，教师对幼儿的支持不仅体现在观察幼儿活动、为幼儿提供适宜的材料上，还体现在与幼儿展开有效的互动、为幼儿的思维提供支架、支持幼儿在探究中进行深入思考上。

### （三）教师是合作者

苏格拉底的助产术是师生之间的平等对话、有效合作的典范；孔子也主张师生平等，教学相长，一方面诲人不倦，另一方面善于向受教者学习，提出"起予者商也"；被誉为拉丁美洲杜威的弗莱德认为传统教学是灌输式的"非人性化"的教学，在教学中不应该将学生当作客体，他主张解放学生，让学生与教师进行平等、民主的交流和对话。

教师是幼儿的合作者，和幼儿应是平等的合作关系，和幼儿共同商量、解决问题，类似于一种同伴关系，一起参与活动。合作者包含了一种平等的含义。也就是说，教师和幼儿是平等的。只有关系平等，才能去合作。教师只有参与幼儿的活动，融入幼儿的群体，尊重幼儿的个性，为他们营造一种宽松的活动氛围，努力创设一个幼儿可以和同伴、教师平等自由交往的环境，才能让幼儿喜欢学习、会学习。教师对幼儿还会产生潜移默化的影响，一方面让幼儿感受到什么是民主、平等、公正的人际关系，另一方面又为幼儿营造一种积极、安全的氛围。

### （四）教师是引导者

教师不是指挥者或裁决者，更不是机械的传授者或灌输者，而是积极的师幼互动的组织者，是良好的师幼互动环境的创设者，是幼儿学习过程的引导者。通过师幼之间的协商和对话，教师在了解幼儿个体需要的基础上对幼儿进行个性化的指导，从而提升课程实施的质量。教师在介入幼儿的学习过程时，提出一些能够帮助幼儿思考的问题，给出一些引导性的提示。同时，教师要给予幼儿一些正面的示范，在这样的角色下，教师可以加深幼儿自主探究的深度，拓展合作探究的广度。教师先观察幼儿在游戏活动中的兴趣或问题，分析幼儿下一阶段可能的兴趣，或者可以采用的一些解决方式，并做出决策，通过提问、引导等方式支持幼儿的进一步思考，进而解决问题或者将游戏的探索更加深入。

## 第三节 "三人行"课程中的师幼关系

高质量教育的关键是在一日生活中关注人与人之间的关系，在课程实践的过程中至关重要的就是建立良好的师幼关系、幼幼关系、家园关系、师师关系。正所谓"三人成众"，"三"表示众多，也表示多人相互配合协调，共同采取行动，从而形成合作的关系。"三人行"课程认为，关系是教育的灵魂，我们尤其重视关系的力量，回归到最真实的教育现场，我们强调幼儿与教师之间的关系、幼儿之间的关系、教师与教师之间的关系、教师与家长之间的关系。

### 一、"三人行"课程中的关系

**（一）师生关系：教师是幼儿学习的支持者、合作者和引导者**

许多研究表明，由于教师与幼儿之间个体的差异使得现实中师幼之间的关系呈现出多种不同的形态类型模式。即使是受过较高层次专门训练的教师，在与同一班级的不同幼儿建立师幼关系时也会有一些鲜明的类型区别。如，亲密型的师幼关系更能让幼儿产生自信和安全感，教师是幼儿生活与学习的伙伴；在支持型的师幼关系中，教师更多的是一个引导者的角色，重视幼儿知识的获得，鼓励幼儿自主探索、自我发现；部分幼儿与教师建立的是一种一般型的师幼关系，幼儿与教师既不过于亲密，也不疏远，能够按照班级常规要求自己，完成既定的活动；疏远型的师幼关系在班级中的比例较少，在这种关系下，幼儿与教师之间保持着一定的心理距离，对师幼互动和幼幼互动均有负面影响；还有一种控制型的师幼关系，教师缺乏对幼儿的情感支持，重视对幼儿的常规管理，以批评、惩罚为主，幼儿服从于教师的权威性，师幼关系不够紧密。

教育家苏霍姆林斯基认为师生之间是一种互相有好感、互相尊重的和谐的关系，这将有助于教育教学任务的完成；心理学家罗杰斯认为良好的教学气氛是保证有效地进行教学的主要条件，在良好的人际关系中进行教学，师生间彼此真诚地接纳对方从而达到心理相容，那么学生在学习中就会热情高涨，主体作用就能发挥出来，教学目的就能实现；后现代主义主张，真正的对话蕴含着一种伙伴关系和合作关系，应当倾听一切人的声音，哪怕是最卑微的小人物的声音；符号互动理论强调通过人际交往及合作达成人生的符号意义，人际的信息传递和交流合作是人生命意义实现的方式，人不可能孤立地生存。

因此，"三人行"课程鼓励教师和幼儿建立平等、尊重、信任的关系，教师只有真诚地倾听幼儿的声音，尊重幼儿的主体地位，才能做到与幼儿平等对话，让幼儿在集体活动中形成安全感和信赖感，从而成为幼儿学习的支持者、合作者和引导者。

**（二）幼幼关系：同伴在相互合作中互教受益**

在"三人行"课程中，我们认为要想建立积极和谐的同伴关系，就要重视合作学习在关系建立中的重要性。我国古代《学记》有言"独学而无友，则孤陋而寡闻"，陶行知的"小先生制"等，都蕴含着同伴之间相互合作学习的思想。公元1世纪，古罗马演说家昆体良认为，学生可以从互教中受益；捷克教育家夸美纽斯也认为，学生不仅可以从教师的教学中获取知识，而且还可以通过别的学生的教学来获取知识。18世纪英国的兰卡斯特（J.Lancaster）和贝尔（A. Bell）倡导"导生制"，19世纪美国帕克（C.F. Parker）强调对共同学习的运用，20世纪杜威提倡运用合作学习小组，之后，诸如梅依（M. May）、莫瑞诺（J.L.Moreno）、道奇（M. Deutsch）等人的思想均有学生小组建立共同合作关系开展学习的内容。

现代教育理论同样重视合作学习的重要性。皮亚杰学派的研究者认为儿童在学习任务之间的相互作用可以使他们的认知水平迅速提高，儿童可以通过讨论学习内容，解决认知冲突，阐明、补充充分的推理，从而最终达到对知识的理解。美国中小学盛行 PBI 方法（Problem – Based Instruction，以问题为基础的教学）、组合阅读法、小组成绩分享法等。

幼儿同伴间的合作能促进幼儿认知能力的发展，培养幼儿正确的自我认识、人际交往与沟通能力，以及理解他人的意识与规则意识。在"三人行"课程实践中，我们尽量为幼儿创造与同伴游戏和学习的机会，让幼儿在实践中学会合作。如，合作游戏是幼儿喜爱的活动，角色游戏、结构游戏、小组表演等都需要幼儿通过合作才能真正从游戏中体会到乐趣。幼儿在玩中自然体验规则与游戏的关系，和同伴友好共处、相互合作可以取胜的道理，并在相互说明、讨论、协商、争执、调解等过程中建立和谐的同伴关系。

**（三）师师关系：教师在交流合作中提升专业内涵**

师师关系是一所学校教师之间的关系，是影响学校整体文化氛围、教学环境、教学质量的基本关系。而师师关系的构建，是学校内部三大关系构建中的核心部分，只有良性互动、稳固而又充满活力的师师关系，才能够发展良好和谐的生生、师生关系，因此，构建一种充满人文气息、专业素质的师师关系，是学校其他人际关系的基础。

美国学者李特尔（Little）通过研究发现，在教师时常谈论彼此的教学、观察彼此的教学、一起设计和准备课程的学校中，学生一般会具有较高的学业成绩，教师也会表现出较好的专业成长特性。因此，教师通过与同事的合作与互动，从他人那里获取有价值的信息来提升自己的专业内涵，这是新时期教师专业发展的重要理念和途径。

就教师个体而言，在教师的合作学习共同体中，不同的教师在思维方式、知识结构、认知风格等方面存在着差异，教师之间在对话和交流中可以取长补短，共同进步。就学前课程而言，在课程结构方面，综合课程的实施和园本课程的开发给教师带来了巨大的挑战；在课程标准方面，没有具体的可操作的课程标准使教师束手无策；在课程评价方面，多元化的评价体系让教师没有统一的评价标准可以遵循。

对于这些困惑，幼儿园应为教师营造平等、民主和开放的环境，为课程实施提供物力和智力上的支持，教师经常相互交流，观察彼此教学，反思自身的教学行为，在交流和合作中共同建构所需的教学知识，提高课程实施的能力，在课程实施中成长。幼儿园还应通过组织教师形成课程改革小组的形式，构建一种共同合作的教师文化，促成幼儿园内部教师之间围绕着专业问题进行有效的交流，确保教师在新课程中成长。"环境造就人"，对于幼儿园来说，要实现教师个体与群体的共同发展，并最终形成情感人文和专业发展相互融合的师师关系，教师要在一个平等尊重、自由民主、宽容包容，但又有很高专业标准要求、教育愿景目标的团队中，达到个体间合作共赢。

**（四）家园关系：家长是幼儿教育的参与者和支持者**

幼儿园和家庭是一种以幼儿为核心形成的合作关系，其根本目的在于通过三者的相互配合、理解、扶持，共同促进幼儿的身心健康发展。1997年，美国幼儿教育协会颁布了《0—8岁儿童适宜性发展教育方案》，将"教师同儿童家庭建立合作互惠的关系"作为贯彻实施适宜性发展教育的一项基本原则。我国教育部2001年颁布的《纲要》指出，家庭是幼儿园重要的合作伙伴，应本着尊重、平等、合作的原则，争取家长的理解、支持和主动参与，并积极支持、帮助家长提高教育能力。2012年，我国教育部颁布的《指南》指出，指导幼儿园和家庭实施科学的保育与教育，促进幼儿身心全面和谐发展。

美国学者隆巴那认为，广义上的家长参与学校教育指家长从事的一切直接或间接影响其孩子（学生）的教育活动；南妮等人认为，家校合作的内涵应该包括以下几个方面：父母在学校担任志愿者、父母与学校教师和其他人员交流、家庭配合儿童学习、父母参加学校活动、父母成为家长委员会成员以及父母参加家长教师会议等。[①]家校合作构建学习共同体的过程，是一个家校双方相互受益的过程，是教师和家长共同提高的过程。

高质量的家园关系与师幼关系是相互促进、共同成长的，好的家园关系应该是幼儿园和家庭理念一致、彼此信任、相互支持，共同促进幼儿健康发展的。因此，幼儿园的课程设置需要满足家长的需求，课程的目标、内容、实施以及评价都需要家长的认可与支持。幼儿教师的专业发展需要向家长学

---

① 林杰.家校合作构建学习共同体的策略研究[D].重庆：西南大学，2009.

习，了解幼儿与家长的实际需要，挖掘有利于幼儿发展的家长资源。幼儿园可以定期举行家长会，向家长介绍幼儿园办学理念和发展前景、园本课程的理念和课程的设置，密切与家长合作，让家长参与课程开发的具体活动。

## 二、师幼关系对师幼互动的影响

### （一）良好的师幼关系是高质量师幼互动的前提

关系是教育的灵魂，回归到最真实的教育现场，教育现场的主角就是教师和幼儿。师幼关系是教育过程中最基本、最重要的人际关系，是幼儿园教育的基本表现形态，它是指教师与幼儿之间的相互作用、相互影响的行为及其动态过程。它不是一种静止的师幼关系，而是动态的、发展的师幼关系。

在"三人行"课程中，良好的师幼关系有以下明显的特征。一是平等。师幼关系是基于"我—你"的"对话关系"。教师和幼儿不是简单的人与物、主体与客体的关系，而是自我主体与对象主体之间价值平等的对话关系，是人与人之间的精神平等的主体间交往，师幼双方是一种主体性的存在。[①]平等的师幼互动关系意味着教师应时时以关怀、接纳、开放的态度与幼儿相处，用心去营造一种温暖、和谐的学习氛围，努力建立平等、亲密、信赖的良好人际关系，让幼儿真实地感受到教师是值得信赖的、亲近的良师益友，与幼儿共同构建教育过程。二是尊重。真正的师幼交往是一种生存、有意义的交往，是一种对话、理解的交往。[②]在这样的理念引导下，教师尊重幼儿不仅体现在尊重幼儿在学习中的主体地位，相信他们是主动的、有能力的学习者，还体现在尊重幼儿的年龄特点、发展水平以及个体差异。三是信任。《幼儿园保育教育质量评估指南》中提到教师要支持幼儿自主选择游戏材料、同伴和玩法，支持幼儿参与一日生活中与自己有关的决策。这启发教师在教育实践过程中要信任幼儿，给他们充分的支持，给幼儿自主选择的权利和机会。在这种相互信任的师幼关系的环境滋养下，幼儿才会敢于大胆尝试自己想做

---

① 余萍. 理解：新型师幼关系的现实旨趣——基于胡塞尔主体间性思想 [J]. 合肥学院学报（社会科学版），2012（5）：120-122.

② 姜勇. 交往理论视野下的幼儿教师专业成长 [J]. 教育导刊（下半月），2012（7）：5-7.

的事情，按照自己的想法进行游戏、生活和学习。

良好的师幼关系是师幼互动的基础和前提，也是教育实施的关键。首先，良好的师幼关系可以增强幼儿的安全感、自信心以及探究精神；其次，良好的师幼关系也能对幼儿的环境适应能力具有积极的促进作用。同时，有研究表明，与教师有情感安全关系的幼儿对同伴更为友好，更加爱交际，也更容易被同伴接受，并且在和同伴交往的过程中很少表现出侵犯性行为；而过于依赖教师的幼儿则表现出更多的退缩性行为和侵犯性行为。

基于良好的师幼关系，幼儿更愿意交际，更愿意对教师发起的互动进行积极的反馈，也更愿意主动发起互动，并且互动频率也会不断增加。

**（二）师幼关系影响师幼互动的效果**

美国幼儿教育家凯茨在考察了瑞吉欧幼儿学校之后提出，只要通过师幼关系的内容就可以评价出幼教机构的教育质量。巴勒莫等人（Palermoetal，2007）探究为何师幼关系会对幼儿的学业和行为产生影响。他们在观察了95名幼儿后发现，良好的师幼关系能够预测良好的学业准备。究其原因，幼儿的"亲社会行为"和"被同伴拒绝"两个因素起着中介作用，而良好的师幼关系和幼儿良好的行为表现互为影响因素。研究还发现，教师的培训情况、受教育程度和良好的师幼关系，能提升幼儿的社会适应，并促进其学业准备。可见，师幼互动对幼儿学习有间接的影响，对幼儿的行为有直接的影响。良好的师幼关系，能为幼儿提供一个心理安全基地，促进其积极地参与探索，从而有效地帮助幼儿理解周围的世界。反之，当师幼关系紧张并出现冲突时，幼儿更容易表现出行为上的障碍和学业上的困难，而且这种影响甚至会持续到初中。

师幼互动作为一种特殊的人际互动，包括了教师对幼儿的态度、情感和社会性发展的支持，在活动中对幼儿进行指导和行为示范等。在师幼互动中，教师的态度和行为至关重要，直接影响着师幼互动的质量和效果，对幼儿的学习有间接的影响，对幼儿的行为有直接的影响。教师要追寻有温度的师幼关系，通过温暖的引入，让幼儿感受到教师的温度，从而引导幼儿积极主动地参与活动与学习。

### （三）师幼互动促进师幼关系的建构

高质量的师幼互动反过来也会促进良好师幼关系的建构。师幼互动贯穿于幼儿一日生活的各个环节，是促进幼儿全面发展的关键因素，体现着教师的教育观念、教育能力和教育智慧。《有力的师幼互动》一书中提到，所谓有力的师幼互动指的是教师与幼儿进行有意识的、有目的的、文化响应式的交流。这种交流对于幼儿的学习有着显著的、积极的影响，在有力的互动中，教师会有意识地与某名幼儿建立联系，以拓展其学习。

对幼儿而言，他们在与世界的互动中体验着与万事万物的联系和情感，从而不断完善自己的生命价值，以互动为生。师幼互动是构建人性师幼关系的关键，包括人、事和物三个方面的深刻内涵。师幼互动除了教师和幼儿开展人际对话和交往外，还涉及主题和材料等非人层面的物质形态。师幼间的话语互动只是互动形式的一个部分，情感互动和肢体互动同样十分重要。想要构建互动的师幼关系，首先，应当唤起幼儿的互动兴趣和主动性。互动是双方基于自愿的原则开展的，师幼互动能否开展还依赖于幼儿互动的意愿程度。教师设计的互动媒介要能够吸引幼儿的兴趣，激发幼儿开展思维和分享观点的主动性。此外，互动也不一定要由教师发起，也可以是幼儿就某一感兴趣的问题跟教师一同谈论和探索。其次，要丰富师幼互动的情境、形式和内容。最后，要关注幼儿的情感体验和经验收获。这三个方面不是孤立存在的，是相互联系、相互融合的有机体。

有了师幼互动才产生了鲜活的、有变化的、有情感的、扎根的教育，教育就是一种关系。在和幼儿互动的过程中，我们所要做的就是在到场、支持、联结的三维闭环中不断激活关系、建构关系。

### （四）师幼互动是教师专业成长的有力抓手

对教师来说，师幼互动是师幼对话、合作、构建和成长的过程，良好的师幼互动关系对于新教师的专业成长意义重大。互动能激发教师体现良好的心理素质、敏锐的观察力、灵活敏捷的思维能力以及教育机智。幼儿教师的专业发展包括了教师的专业知识、专业技能与素养、专业态度等方面，是教师在专业知识、能力与素养等方面持续发展和提升的过程，是从新手教师到专家型教师转变的过程。

舒尔曼（Shulman）的研究指出，教师的学科（领域）教学知识是指教师将自己所掌握的学科知识以一种学生易于理解、便于接受的形式呈现给学生的一种能力，它具体表现为教师知道使用怎样的演示、举例、类比等方式来呈现学科内容，了解学生的理解难点。教师需要在师幼互动中不断地充实自己的专业知识，提升支持能力，同时不断地进行教学反思和总结，立足幼儿的认知发展的特点与水平，在教学中多采用易于幼儿接受的教学方法，这样不仅能够促进幼儿认知能力的高水平发展，同时教师在反思和总结中也提升了自身的实践智慧，促进了自身的专业成长。

师幼互动本身就是一个师幼双方双向建构的过程，不仅对幼儿的成长和发展具有积极的作用，教师也可以从中积累经验，获取专业成长的养分，在不断地反思中提高自己的专业水平，从而实现师幼双方在师幼互动中主体的发展和积极建构。教师进行师幼互动的研究，可以帮助自我逐步转变教育理念，变换视角，走进幼儿；树立"以幼儿为主体"的儿童观；树立"合作探究，共同建构"的教育观。因此，师幼互动是一段共同成长的历程，是一段教师重新认识幼儿、认识教育、认识自我的过程。

## 第四节 "三人行"课程中师幼互动的样态特征

高质量、双向的师幼互动常常包含着以下几个特点：①教师在与幼儿互动中有积极的情感支持，即有一定的敏感性，能及时关注和回应幼儿的学业和情感需要；②教师在活动准备方面，能为幼儿提供适当的活动材料，使幼儿参与和学习机会最大化；③在活动过程中，能根据幼儿的情况适时地给予幼儿指导，鹰架幼儿的学习；④在教育支持上，能通过有效的策略促进幼儿的讨论和思考，对幼儿的观点能给予及时的语言反馈，并有较好的语言示范；⑤在班级管理中，能对幼儿的规则意识进行培养并进行行为指导；⑥幼儿也能向教师提出问题、寻求帮助、发表观点与看法等。这种行为或心理的交互作用和相互影响对于师幼互动来说至关重要。有效的师幼互动意味着教师的行动真正支持了幼儿的发展，让幼儿感受到自己的成长，获得了成长的力量，也实现了教师的教育目标，它是课程实施的关键，教育质量的保障。

"三人行"课程中的师幼互动有以下三个实践策略。一是关注有温度的情感连接，首先，教师为幼儿营造自主的环境，幼儿可以选择自己喜欢的玩伴、空间和材料，在环境中建立自主性和自信心；其次，教师接纳的态度是情感连接的关键。二是聚焦有深度的学习支持。教师通过观察发现、识别分析、支持回应三部曲，形成支持幼儿深度学习的思维模式。三是强调有宽度的习惯培养。教师和幼儿共同协商体现着对幼儿的尊重，可以促进规则的内化。我们期待的高质量师幼互动，其实是希望能够建构一种充满尊重、平等、信任的师幼关系，能让幼儿在集体生活中感到温暖，形成安全感和信任感，以及它背后能滋养在其中幸福生活和游戏的课程环境。因此，"三人行"课程中的高质量师幼互动呈现出尊重理解、平等信任、全面支持的样态特征。

## 一、尊重理解

阿德勒在《幸福的勇气》中说，尊重就是实事求是地看待一个人，并认识到其独特个性的能力。尊重意指一个人对另外一个人的成长和发展应该顺应其自身规律和意愿。尊重意为没有剥削。让被爱的人为他自己的目的去成长和发展，而不是为了服务于我。所有幼儿都是有潜力的，教师只有深入地认识到幼儿的这种潜力，他们所进行的所有工作和为幼儿创设的环境才可能是合适的。[1]《新西兰幼儿教育大纲》明确提出，幼儿是以有能力、有自信的学习者、沟通者的身份成长的，他们身体、心理、精神健康，有安全感与归属感，知道他们能为社会做出重要贡献。[2] 在这样的理念引导下，教师在与幼儿互动时要充分尊重幼儿的人格、权利和行为方式，以幼儿的视角看世界，体验幼儿的内心世界，满足幼儿的兴趣和成长需求，以达到促进每名幼儿发展的目的。

理解儿童是教育的前提，只有真正地理解儿童，才能坚守儿童立场。理

---

[1] 乔安妮·亨德里克.学习瑞吉欧方法的第一步[M].李季湄，施煜文，刘晓燕，译.北京：北京师范大学出版社，2002.
[2] 玛格丽特·卡尔，温迪·李.学习故事与早期教育：建构学习者的形象[M].周菁，译.北京：教育科学出版社，2015.

解不只是一个认识的过程，也包含情感沟通。① 教师不仅要理解幼儿作为独立生命体的内在发展逻辑，即幼儿的发展是在生活和游戏中不断与外界产生互动，进而通过感知、理解、操作、交往、探究等获得知识、体验情感、习得经验的；还要理解每名具体的幼儿，看到他们独特的个性特点、情感需要、兴趣爱好、文化背景之间的差异，进而通过设计活动方案、提供有差异性的材料来促进每名幼儿最大限度的发展。

与幼儿互动时尊重理解幼儿，能为幼儿提供一个心理安全的基地，建立积极的情感联结，促进其积极地参与探索，从而有效地帮助幼儿理解周围的世界。尊重理解幼儿，还能巩固教师与幼儿之间的积极关系，给予他们所需的信任和安全感，为他们成为有信心、有能力的学习者打下基础。

## 二、平等信任

师幼互动的实质是一种双向的人际交流，体现为发起与反馈的关系，教师与幼儿无论哪一方先发起，对方都应有反馈，根据反馈信息，发起者再发起，反馈者再反馈，从而形成一种循环。② 从幼儿早晨入园到傍晚离园，从探究活动、游戏活动，到一日三餐及如何穿戴、整理等生活环节，凡是与幼儿有关的，教师都必须关注，都需要用语言向幼儿发出指令、表达思想、传达信息，而幼儿则根据教师的语言做出相应的回应。在这样无处不在的双向师幼互动中，师幼双方是相互平等的，幼儿不是被动的接受者，而是主动的参与者，能主动向教师提出问题、寻求帮助、发表观点与看法等；师幼双方还是相互信任的，教师相信幼儿是主动的有能力的学习者，愿意把选择权与决策权交到幼儿手里，而幼儿也相信自己是被看见的，是能得到教师的支持与鼓励的。

师幼互动中的平等信任对幼儿的认知、情感、社会性、心理健康的发展都有着积极的影响。教师对幼儿发出的信息，以宽松、开放的心态接纳，从

---

① 金生鈜. 理解与教育：走向哲学解释学的教育哲学导论 [M]. 北京：教育科学出版社，1997.
② 柳卫东，左瑞勇. 师幼互动的理论基础与实践背景理论建设 [J]. 学前教育研究，2004（7-8）：52-53.

而使幼儿处在一种相对宽松、充满安全感的教育环境中；当教师向幼儿传递信息时，幼儿心情愉快、情绪饱满、学习的积极性高，乐于接受教师发出的信息，努力解决生活中遇到的各种问题，积极探索身边的事物。感受到教师关怀和高期望的幼儿更可能具有高水平的自我意识。平等信任的师幼关系，有助于促进幼儿的心理健康，满足幼儿的心理需要，并形成良好的个性特征。通过师幼间的积极交往，幼儿能够拓展社会知识，学习一定的行为规范和价值准则，在教师的示范指导下和对教师的观察模仿中，幼儿能习得分享、合作、同情、谦让等亲社会行为。

### 三、全面支持

英国儿童心理学家普林格尔曾经对儿童的社会心理需要进行过研究。她认为，儿童与生俱来地具有对爱、对安全、对新体验、对责任感的需要。如果外界环境能够充分满足他们这些需要，那么儿童不仅会表现出令成人感到满意、得体的行为，而且他们的人格也会得到健康的发展。反之，儿童要么变得孤僻、冷漠、退缩，要么易怒易躁，难以适应群体生活。[①]

因此，教师对于幼儿的支持要能够满足他们对爱和安全感的需要。根据课程的活动形式，我们的一日活动多数以班级或小组等群体的形式展开，即使是幼儿自主性的自由活动，也是相对集中在一定空间的平行活动。教师不能将自身的喜好带入与幼儿的互动交往中，表现出对幼儿的偏爱或歧视，与幼儿的互动表现出选择性与差异性，边缘化能力较低、性格内向的幼儿，人为地制造幼儿与教师互动机会的不平等。教师应公正、平等地对待每名幼儿，看见所有幼儿，与幼儿进行心与心的对话，才能让每名幼儿的个性得到充分的发展，获得安全感和归属感。

"三人行"课程的组织形式分为综合探究、区域游戏和文化体验三类，幼儿在其中是自主学习者和合作学习者，针对课程不同的组织形式和幼儿的角色变化，教师要相应地提供各方面的支持。如，在自主学习中，教师要根

---

① 康丹. 幼儿园常规教育的批判——蒙台梭利纪律和自由思想的启示 [J]. 教育导刊，2007（11）：6-9.

据幼儿的兴趣和需要展开探究活动,在活动前期为幼儿准备充分的探索材料;活动中给予幼儿选择权,幼儿可自由选择探究的时间、方式,在班级的环境创设中可以体现探究的过程;认真对待幼儿反馈回来的调查表和海报,鼓励幼儿以多种方式进行表征等。教师通过各类活动中和幼儿的有效互动,全面支持幼儿的持续探索,实现自主学习、合作学习以及主题开展的重要目标和价值。

## 第五节 "三人行"课程中师幼互动的价值取向

### 一、从单向的"教",转为互动的"学"

我国学者刘晶波将师幼互动行为的主导动因分为事务性的互动和情感性的互动两种类型。[①] 所谓事务性的互动是指师幼互动中教师根据教育者与指导者角色,幼儿根据受教育者和被指导者角色规定的行为开起或是应答彼此之间的互动行为过程,并且互动过程本身围绕的是与幼儿园这个制度化的教育机构的职能相匹配的事务性的行为目的,那么这种互动就可以被看作事务性的师幼互动。情感性的互动是指教师和幼儿在互动过程中彼此把教育者和指导者、受教育者和被指导者的角色抛在一边,只是凭借自己作为一个人的本来面目发出施行行为或是反馈行为,并且双方开启或应答互动的目的仅仅是出于彼此对对方的某种兴趣或是交流信息、沟通感情的需要,那么这种互动就可以称为情感性的师幼互动。

研究者通过对高质量师幼互动的观察和分析发现,高质量师幼互动的动因多是以事务性的互动为主,表现出的是互动主要围绕一个问题展开,如指导说明、问题的解决和回应、鼓励等。在这个过程中,教师充分发挥着自己引导者和帮助者的角色作用,引导幼儿理解规则和事物的本质,帮助幼儿将概念的理解进行更深层次的扩展,因此,教师在互动中,会很自然地把教育

---

① 刘晶波.师幼互动行为研究——我在幼儿园里看到了什么? [M].南京:南京师范大学出版社,2006:218.

性放置第一位。教师提前规划教学活动和课程内容，在活动中对幼儿知识的获得与生活技能的培养进行引导，幼儿则根据教师的引导调整自己的行为和经验，发挥自己的主体性完成课程活动。在这个过程中，教师的规划和引导在前，面对的可以是个体也可以是小组或全体幼儿，幼儿所做出的行为反应基于教师活动的开展与引导，并非完全出于自己的主观意愿。从这个角度来说，此时的师幼互动主要是单向的"教"。

然而在区域游戏、探究活动、运动、角色游戏中，我们认为，高质量师幼互动的教师常常是以合作者、协助者的身份出现，教师能够灵活地转变角色，不再以权威的姿态出现在幼儿面前，去要求幼儿"必须做什么、应该做什么"，而是把决策权交给幼儿，让幼儿自己通过协商和讨论去决定应该做什么和怎么做。此时，教师和幼儿在发起互动时也带有一定的情感性互动的成分。如，幼儿常常会很自然地拉着班级教师的手说出自己的想法，幼儿和教师进行平等的交流，幼儿出于交流信息的需要，表现出的是一种情感性的互动。因此，教师在发起互动或给幼儿反馈时，较多地关注与幼儿情感上的沟通，为幼儿营造一个宽松的心理氛围，让其自主性能够得到充分的发挥，激发幼儿的主动学习。此时教师单向的"教"就转化为了循环的"学"。

幼儿所表现出来的情感、态度和行为可以打开教师认识幼儿的另一扇门，教师也可以向幼儿学习，站在幼儿的立场、以幼儿的视角思考问题，用幼儿喜欢的方式开展教育教学活动，同时也会将幼儿的相关经验进行改组和改造，最终形成师幼学习共同体。

## 二、从看见幼儿到看见每一名幼儿

### （一）关注整体

"中心人"原是社会文化学中的一个概念，它是指一定的人在特定的社会文化中所处的地位，特别是指成人在社会文化方面比青少年更具有优势，他们担任了社会文化和制度的决策者和制定者的角色，在社会文化中处于中心的地位。而在师幼互动中，那些思维活跃、能力强、积极参与互动并深受教师喜爱的幼儿就成了众多幼儿中的"中心人"。"边缘人"也是社会学中的一个概念，把这个概念运用于教育研究领域，是指有意无意被排除在正式的班级体制文化之外，谨慎地与班级正式的体制文化保持着距离，既不是教师眼中需要赞赏与夸奖的好孩子，也不是教师心中要时刻提醒与约束的调皮孩子，是教学活动中的沉默者。

在教育过程中，要想实现幼儿教育面向全体，促进幼儿的全面发展，教师在面向全体幼儿的互动时，尤其要提醒自己关注班级的"边缘人"，重视幼儿之间的个体差异，真正尊重、理解幼儿，让每一名幼儿都积极参与教育活动，真正有所成长。如果教师将自己个人对他人的个人看法与喜怒哀乐带到工作中，那么，这不仅不符合教师的职业道德要求，而且违反了教育机会均等的基本精神。因此，教师应公正平等地对待每名幼儿，关注整体，看见所有的幼儿，才能让每名幼儿的个性得到充分的发展。

### （二）关注个体

蒙台梭利认为，每名幼儿的心理（或精神）胚胎各不相同，特别是心理（或精神）胚胎的发展需要特殊有准备的环境；随着幼儿身体的发展，肉体化过程会随之发生，即意志、心理等精神因素"归于肉体"并支配肉体的活动；潜在生命力会逐渐分化并形成复杂的心理现象；有吸收性的心理帮助幼儿获得关于环境中的各种经验，使之成为自己心理的一部分，并在此基础上形成自己的个性和行为模式。[①]世界上没有完全相同的两片树叶，人的个体之间也存在差异性。幼儿在身体特点、认知能力、学习风格和人格特质等方面的发展各不相同，因此，无论是教师主导、幼儿主导，还是教师发起的活动，都应该秉承发现和理解幼儿差异性和多样性的原则，发现并欣赏幼儿的强项，培养幼儿的学习品质，支持幼儿的学习和发展。

"三人行"课程中的师幼互动，需要教师有极高的专业敏感度，能准确地识别幼儿独自在场和在集体中的状态与需求。当幼儿和教师一对一交流时，他所用的声音、语调和在小组中是不一样的。如，在一对一对话时，幼儿可能会说"我需要帮助"，但是在集体中，当他听到别的幼儿说"我不需要"时，可能也会跟着说"我也不要"，从而掩盖了自己真实的需求。教师

---

① 康丹. 幼儿园常规教育的批判——蒙台梭利纪律和自由思想的启示[J]. 教育导刊，2007（11）：6-9.

要了解幼儿独自在场时的状态，识别这些细微之处，这需要日积月累的实践。此外，教师要清楚活动最核心的目标是什么，要在理解幼儿的基础上，把幼儿带到他可以去的地方，或者去到教育目标希望他去的地方。这个行动是在具体的教育情境中发生的，难以提供抽象的策略，但可以借助真实的教育案例进行分析和反思，提炼教育策略。

### 三、从师幼互动到多元互动

《纲要》中要求教师关注幼儿在活动中的表现与反应，敏感地察觉他们的需要，及时以适当的方式应答，形成合作探究式的师幼互动。"三人行"课程认为，要达到这个目标，必须经历从着重提高师幼互动到积极促进幼儿多元互动的过程。要想促进幼儿的多元互动，教师在活动中就不能仅仅关注师幼互动，还要捕捉有利于幼儿多元互动的契机，尤其是有利于幼幼互动和境幼互动、亲子互动的时机。

这对教师的专业能力有着更高的要求，首先，教师应该根据具体的教育情境灵活调整自己的角色，认真探讨教师在角色转换中使用的语言符号，在活动的不同阶段，担当幼儿学习的倾听者、观察者、欣赏者、鼓励者、引导者、促进者、协商者等，要让幼儿真正成为教育活动的主体，主动学习、主动发展，探寻促进幼儿多向互动、主动学习的方法途径，以启发幼儿选择多样的活动行为和互动对象，实现多元互动。其次，教师要在活动中倾听幼儿的语言，观察幼儿的交往状态，关注幼儿的神态情感变化，发现幼儿的行为取向，以及幼儿在多元互动中遇到的矛盾、纠纷和困难，从中通过适时适当的师幼互动来促进幼儿有效的多元互动。

另外，我们在课程实践中发现，随着幼儿经验和能力的增长，他们对于各种符号表征开始越发感兴趣，并且开始学习符号的意义，这是他们增进与周围世界连接的有效手段。因此，在实践中我们也注重培养幼儿理解和运用各种符号表征的能力，帮助幼儿通过符号表征记录活动过程，借助符号表征与他人进行互动，让幼儿敢于互动、乐于互动，从而促进幼儿积极有效的多元互动。

# 第二章 综合探究活动中的师幼互动

综合探究活动是深圳实验幼儿园"三人行"课程的核心组织实施形式，是幼儿、教师、家长共同参与，围绕幼儿感兴趣的话题或项目，通过直接感知、实际操作、交流分享、多元表征来完成学习过程的一种活动。综合探究活动共分为三个阶段：探究准备期、探究推进期和探究总结期，在这三个阶段中又都包含了五个基本环节：立项—团讨—探索—分享—展示，在这五个环节中，明确为什么要做、能做什么、如何做、做了什么以及经验的拓展、迁移，幼儿通过参观、讨论、观察、记录等方式搜集信息，在与同伴和教师合作操作、分享交流的过程中丰富和完善经验，在提出问题、寻求答案的过程中主动学习，体验学习的乐趣，让幼儿既有深度的探究，也有广度的经验拓展。

## 第一节　探究准备期的师幼互动策略

探究准备期包含的主要内容是确立项目，选择合适的主题内容。这不仅为后续的深入探究和高质量师幼互动奠定了基础，更能对后续的学习带来很多的趣味和挑战。"三人行"课程在内容框架上对幼儿的学习拟定了三条线索，分别是自然、文化、社会。

在这一阶段，幼儿更像是信息的提供者，他们在日常生活、自主游戏中产生了大量的谈话、作品，呈现出对周围世界的关心和好奇，教师如同敏锐的信息捕捉者，通过观察、倾听等方式了解幼儿的兴趣，并通过专业的分析来明确活动开展的价值，以及后续活动开展的规划等，以实现资源的统整和探究活动的持续推进。

值得明确的是，综合探究活动不仅是基于幼儿的兴趣，而且应在确立项目之初厘清教师预设和幼儿生成的关系。教师在确立项目的环节，在师幼互动中对幼儿的需要和兴趣做出及时、合理的价值判断，实现师幼共同学习、共同建构对世界的认识。

## 一、探究活动的目标确立

在综合探究活动开展之初,教师需要对"三人行"课程开展的自然、文化、社会三条线索有明确的理解和认识,同时认真思考三条线索与课程培养目标之间的内在逻辑关联,为后续高质量的师幼互动指明方向,在这一部分更多的是教师前期的思考,可以说只有教师有意识的思考,才能有后续有意图的互动,实现对幼儿发展的促进作用。(见表2-1)

**表 2-1　"三人行"课程探究活动线索表**

| 线索 | 相关主题 | 重点对应"三人行"课程目标 |
| --- | --- | --- |
| 自然 | 动植物:叶子、水果、豆子、种子、兔子……<br>自然现象:光影、天气、声音……<br>地球物质:沙、水、石、泥…… | 亲近自然:喜欢生活与自然中美的事物<br>认知思维:亲近自然、喜欢探究;在探究中认识周围事物与现象;具有主动解决问题的能力<br>语言发展:具有初步的阅读理解能力和交流能力等 |
| 社会 | 用品:衣物、玩具、交通工具、箱子<br>生活:姓名、你好小学、合作小分队、小小管理员<br>热点:垃圾分类、社会主义核心价值观 | 社会交往:具有合作的意识和能力;关心尊重他人<br>爱国爱家:具有归属感;有一定的文化自信<br>认知思维:在探究中认识周围事物与现象;具有主动解决问题的能力<br>安全意识:具有良好的生活与卫生习惯<br>文明有礼:尊重特定场合的礼仪文化;遵守基本的道德规范 |
| 文化 | 艺术:版画、剪纸、扎染、皮影……<br>科技:创客、齿轮…… | 审美创造:喜欢欣赏艺术形式与作品;具有初步的创新与创造能力<br>认知思维:具有主动解决问题的能力;在探究中认识周围事物与现象<br>爱国爱家:具有一定的文化自信;具有归属感 |

从表中可以发现,不同线索的主题有其重点对应的目标,教师在选择主题时应着重予以思考,并凸显不同类别主题的探究目标,有了对重点目标的思考,在后续开展活动的过程中更能做到有的放矢。当然,综合探究活动作

为综合性的活动，对幼儿的探究能力、解决问题能力、逻辑关联能力、合作交往能力等都有着重要的价值和作用。

生活中常常会遇到一些突发事件，这些事件可以成为引发幼儿学习的契机。如，小二班开展了有关"地下水管的秘密"的活动，起因是幼儿园的地下水管爆裂了，施工人员留下的大坑引发了幼儿强烈的探索兴趣；中二班开展了有关"乌龟"的活动，起因是庭院的水池里新放了几只乌龟，引起了幼儿好奇的围观。

主题的意向还有可能来自其他的原因，因为某些事件触发了教师的灵感，产生了最初的意向。如，教师在乘坐地铁上班的路上，突然想到如果做一个与地铁有关的项目是否会引发幼儿的兴趣。于是在班上向幼儿和教师进行了解，从而促成了一个新的综合探究活动的产生。

## 二、探究的可行性分析

在探究活动的进行过程中，有些教师反馈遭遇了瓶颈，不知该如何继续开展下去。可能的主要原因有：探究主题内容选择资源不充足、幼儿兴趣难以保持、问题解决不具有持续性等。

### 案例
**大班综合探究活动**

### 飞　机

最近，班上的小朋友尤其是男生对飞机特别迷恋，常常聚在一起或围着飞机玩具讨论飞机的造型、速度、战斗力，或讨论飞机大战、飞机的特异功能等，孩子们热情高涨。

教师们觉得孩子们对飞机很感兴趣，于是决定开展关于飞机的探究活动。虽然在探究之初，有教师对幼儿的经验、活动开展的资源等提出了异议，但是，因为教师的坚持活动还是如期开展了。不过，刚刚开始没多久活动就遇到了瓶颈，不得不终止，转向了其他的探究内容……

通过上面的例子可以发现，综合探究的内容很多都是起源于幼儿的兴趣，教师通过观察、倾听发现幼儿的兴趣点。但是，盲目开展探究活动往往会令探究走向死胡同。事实上，在开展综合探究活动研究之初，我们的教师也走了不少类似的弯路，教师提出的问题幼儿不具备相关的经验，导致对话无法深入进行或调查表专业内容过深，幼儿获得的经验都是二手经验，探究性不强。总结以上经验，在综合探究活动正式启动之前，教师除了捕捉幼儿的兴趣外，更应该开展班级会议，师师互动，共同对活动的可行性进行分析。

在对这些主题加以选择的时候，可以思考以下问题：
是大部分幼儿都感兴趣的主题吗？
是教师自己喜欢的主题吗？
主题的答案是否单一？
主题是否方便以家庭为单位展开调查？
主题内容是否有用综合探究活动方式解决的必要？
主题是否能带入跨领域的经验？
是否能想到有趣的应用经验的实践活动设计？
幼儿的创造性有发挥的空间吗？
幼儿是否能在主题中展开自主探究？

如果有1—2个问题答案是"否"，该项目都应慎重启动。
有了这些思考，教师在准备期能够进行系统的思考。

**案例**
**小班综合探究活动**

树　　叶

幼儿园大型玩具附近有几棵大树，一次户外活动时，幼儿发现草地上有很多掉落的树叶，有的是黄色的，有的是绿色的。小班孩子非常兴奋，认真地寻找，并将树叶像宝藏一样送给了教师。"老师你看，我捡到了一片黄色的树叶。""老师你看，这一片是绿色的。""这一片上面有洞洞。"……树叶的外形、颜色吸引了孩子们，他们乐此不疲地在户外寻找不同的树叶……

基于孩子们的兴趣，教师开展了班级一日一议，对即将开展的活动进行了可行性分析。

教师可根据主题选择追问表（见表2-2）对探究活动进行可行性分析，同时教师要对幼儿的语言、动作、状态、行为表现、活动情况进行观察和记录，以便于在后续的班级一日一议中言之有物、言之有理。

表2-2 探究主题选择追问表

| 问题 | 答案 | 具体描述 |
| --- | --- | --- |
| 是大部分孩子都感兴趣的探究吗？ | 是 | 班级大部分（约2/3）孩子参与了捡树叶的活动，其他孩子也愿意参与讨论。 |
| 主题贴近孩子的生活吗？ | 是 | 树叶是生活中常见的自然物，幼儿园有各种各样的植物，有不同的叶子，容易寻找、携带。 |
| 是教师自己喜欢的探究吗？ | 是 | 符合"三人行"课程内容线索，教师有一定的知识经验储备，能够为探究提供相关的支持和引导。 |
| 探究的形式多元吗？ | 多元 | 可以开展观察、记录、探索、艺术创作等多方面的活动。 |
| 探究方便以家庭为单位展开调查吗？ | 方便 | 社区中有各种各样的植物，方便家长与孩子共同发现、探索。 |
| 探究有直观体验或操作过程吗？ | 有 | 有一定的与叶子相关的实验、游戏的素材积累。 |
| 探究内容积极向上吗？ | 是 | 能够引导孩子热爱、亲近自然。 |
| 幼儿的创造性有发挥的空间吗？ | 有 | 叶子造型、叶子拼贴画等活动开展得相对比较成熟，孩子可以发挥自己的创意。 |
| 幼儿能在探究中展开自主探究吗？ | 能 | 叶子方便易取得，方便孩子自主开展观察、探索。 |

**案例**

小班综合探究活动

### 好玩的箱子

在小班"好玩的箱子"这个综合探究活动中，教师除了完成探究主题追问表外,还结合年龄特点及环保价值等对这个活动进行了进一步的可行性分析。

1. 理论可行

箱子是日常生活中一种常见的工具类生活用品,当箱子成为一种游戏材料时,既贴近孩子的生活日常,具有一定的趣味性。《纲要》中指出要引导幼儿对身边常见事物和现象的特点、变化规律产生兴趣和探究的欲望。《幼儿园保育教育评估指南》中提出玩具材料种类丰富,数量充足,以低结构材料为主,能够保证多名幼儿同时游戏的需要。箱子作为一种常见的、种类和作用多样的、获取方便的材料,从生活的角度来讲非常适合孩子进行探究。

2. 材料可行

箱子在生活中很常见,且种类多样、玩法多变,可以与多种的材料进行匹配,既能满足孩子的现有发展水平,也为孩子的自主探究提供了未知的探索空间。在探索和游戏的同时,通过与其他材料和同伴之间的幼幼互动,通过再造想象来拓展孩子的经验与创造力。从教育价值来讲,作为一种开放性材料的箱子,可以充分支持和促进孩子的可持续发展。

3. 环保可行

在以往的探索中,我们往往会为孩子采购或收集成品材料,花费的费用高低不等但也是不小的支出,但是箱子却是一种可以回收再利用甚至多次利用的材料,快递站、回收站或是买东西都能得到箱子,学校收快递所积攒收集的箱子就为孩子的探索提供了大量的材料支持。而且探索结束后,箱子作为一种工具还可以回归到生活中进行再次的利用,很好地实现了资源的循环再利用。

教师可以询问幼儿对探究的认识和看法,开展个别或小组的交流,更加深入地了解幼儿的兴趣和发现。如,当幼儿捡到黄色的树叶时,教师可以进一步问:"还有其他颜色的树叶吗?"当幼儿发现掉落下来的树叶都是枯萎的时候,也可以请幼儿找一找,有没有新鲜的叶子掉下来。从这样一些简单的提问中,教师也可以初步认识和了解幼儿的已有经验水平,为后续活动的开展提供依据。

## 三、探究活动的开展规划

在确立了探究主题后,教师要对综合探究进行系统的整理和思考,并对接下来可能开展的活动进行内容的规划。特别需要说明的是,开展内容的规划并不代表这样的探究计划是不可更改的,应该在后期开展的过程中根据幼儿的需要以及兴趣着重选择或调整。要着重处理好幼儿生成和教师预设的关系,不仅关注幼儿的兴趣和成长的需要,更应让教师成为有准备的教师,让活动的开展成就幼儿经验的成长,实现教师专业能力的提升。

有准备意味着教师的行动和活动开展是有价值和目的的,脑中有目标,并且有实现目标的计划。有准备的行为需要缜密的思考,同时需要考虑其潜在的效果。这要求教师对活动开展有一定的规划,包括对内容的规划、对具体实施步骤的规划,以及对资源的规划和灵活利用。

### (一)内容规划

内容是主题中所包括的具体的可探究的概念、知识等,教师要对这些进行系统的筛选和梳理,一是找到适宜该年龄段幼儿了解和学习的,二是重点思考如何将其变成幼儿可操作的。因为对于大部分幼儿而言,一些探索的内容和概念是相对抽象的,但是幼儿的学习是通过直接感知、实际操作、亲身体验的方式进行的,所以在内容规划的过程中要完成这样的转化。

**案例**

中班综合探究活动

#### 我身边的植物

"我身边的植物"是幼儿园经常开展的探究主题活动,实际上,植物的每一个部分都有许多值得我们深入探究的地方。研究植物能够让孩子更加了解我们身边的生态环境,观察自然、亲近自然。从植物出发,我们可以了解与植物有关的内容:植物的种类与特征、植物的部位与功能、植物的生长条件、植物的种子与繁殖、植物和人类的关系等。为了让孩子直观地感受、体验、理解这些内容,教师需要进一步将内容转化为他们可以实际操作的活动并形成相关的思考图。

例如，在了解植物的种类与特征时，教师需要引导孩子观察植物的不同特点。教师可以开展认识身边的植物的活动，先带孩子在幼儿园进行"绿乡之旅"，了解幼儿园有哪些植物（树木、花等），还可以给孩子带上一些记录工具，如拍照工具、记录单等。孩子还可以收集户外的叶子、花朵，带回班级进行创意手工活动，在与这些收集的自然材料充分互动的过程中，孩子能够深入地体验植物的触感、气味、颜色、脉络等，积累一定的感性认识，为后续的持续探究以及兴趣的保持提供条件。班级还可以为孩子提供一些介绍植物的海报、书籍等，供孩子翻阅、了解。此外，在区域中，教师可以投放一些植物配对的卡片等，供孩子自主操作时拓展自己的知识经验。

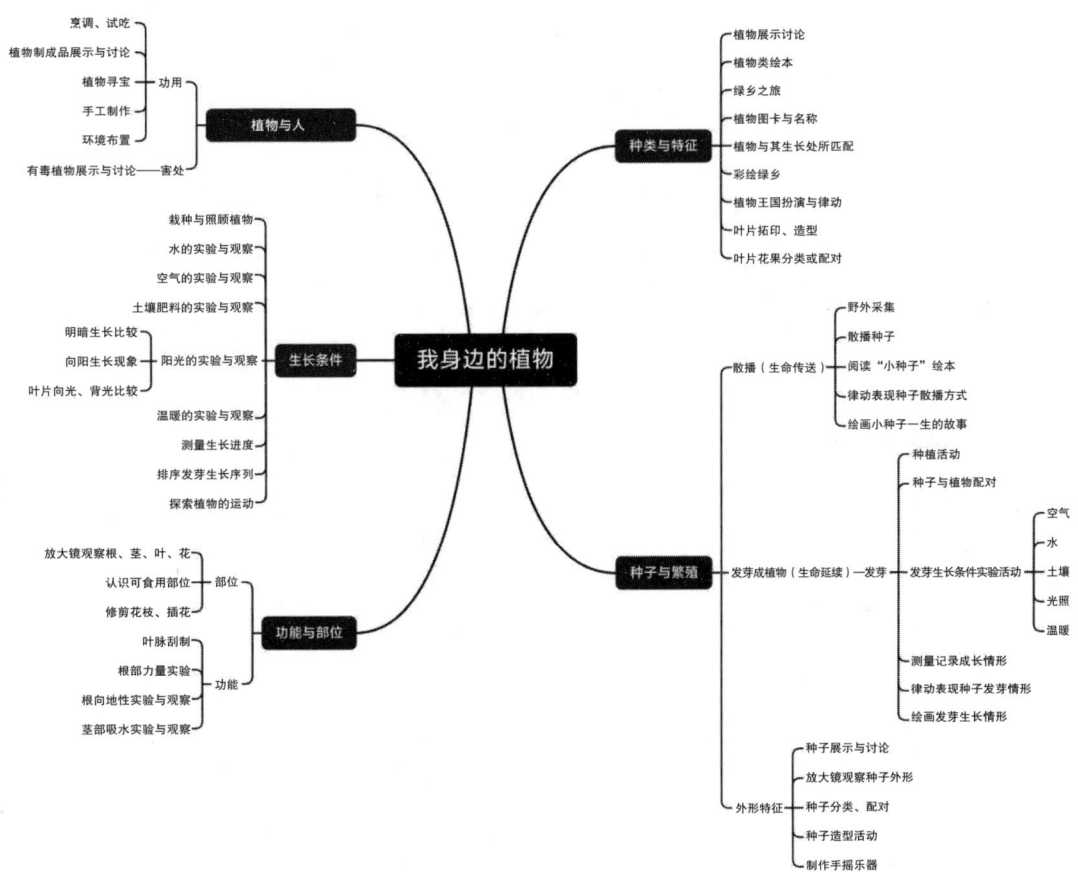

对探究活动内容的规划需要教师对内容融会贯通，更需要教师富有智慧的引导。教师不能满足于所选内容，更不能仅仅依据个人的经验、偏好选择内容，要关注内容的纵向和横向联系。探究活动的内容规划是系统的、相互联系、节节上升的。

**（二）资源规划**

综合探究活动中的资源合理利用是对综合探究活动持续开展的重要保障，不仅能够开拓幼儿和教师的视野，还能在必要的时刻将探究引入更加深入、专业的方向，能够保持幼儿的兴趣，不仅能够拓展师幼互动的场域，实现全场域育人，更能实现从单纯的师幼互动、幼幼互动转向更加多元的互动。

资源规划主要包括对园所资源的规划、家庭资源的规划和社会资源的规划（见表2-3、表2-4）。资源规划中，主要有环境资源、人力资源。环境资源包括场地、环境布置、材料等。人力资源包括不同的职业、专家等。

表2-3 综合探究活动的资源规划表

| 线索 | 相关主题 | 相关资源 | | |
|---|---|---|---|---|
| | | 园所 | 家庭 | 社会 |
| 自然 | 动植物：叶子、水果、豆子、种子、兔子……<br>自然现象：光影、天气、声音……<br>地球物质：沙、水、石、泥…… | ●环境资源<br>幼儿园户外资源：（沙池、水池、植物花园、植物角、养殖区等）<br>幼儿园室内：班级区域等<br>●人力资源<br>教师、幼儿园其他教职员工、同伴、跨年龄阶段同伴…… | ●环境资源<br>家庭生活社区<br>家长工作地<br>●人力资源<br>家长职业、邻居、同伴…… | ●环境资源<br>各类场馆<br>各类展览<br>儿童友好型企业<br>工作场所<br>人力资源<br>社会专家、学者、传统艺人 |
| 社会 | 用品：穿着、玩具、交通用具、箱子<br>生活：姓名、你好小学、合作小分队、小小管理员<br>热点：垃圾分类、社会主义核心价值观 | | | |

教师可以采取调查、课程交流会议等方式，广泛收集与探究活动相关的资源，并将资源与即将开展的活动进行匹配。幼儿园制定并研发了"幼儿园家长职业资源表"，通过一表一指引，为教师组织活动从基本操作走向动态、

灵活使用资源提供系统化支持，为家长高度参与指明了方向。

表 2-4　幼儿园家长职业资源表

| 类别 | 职业 | 细分 | 可参与项目 |
| --- | --- | --- | --- |
| 社会服务 | 教师 | 百花小学语文教师 | 分享故事团，参与读书月活动等 |
| | | 实验体育教师 | 参与阳光爸爸团，参与运动会等 |
| | | 侨外数学教师 | 参与家长助教，组织数学游戏等 |
| | | 荔园英语教师 | 组织英语游戏等 |
| | | 深圳大学教育学院教师 | 培训家长、教师，提供教育资源等 |
| | | 汇丰商学院教师 | 提供教师学习资源等 |
| | | 职业技术学院教师 | 支持幼儿成长评价技术支持等 |
| | | 音乐、舞蹈、美术等专职教师 | 提供教学资源，参与幼儿园环境支持等 |
| | 医生 | 深圳市第二人民医院 | 分享急救知识、支持身体检查 |
| | | 深圳市中医院 | 分享各季节身体保健知识，进行食育指导等 |
| | | 深圳市北大医院 | 身体发展指导等 |
| | | 深圳市儿童医院 | 常见儿童疾病指导，爱牙保护宣传等 |
| | | 深圳市眼科医院 | 视力检查，视力保护，室内外光线指导等 |
| | 警察 | 刑警 | 指导自我保护知识，参与安委会等 |
| | | 民警 | 引导学习人际协调及沟通技巧等 |
| | | 交警 | 介绍交通规则、交通标识等交通知识 |
| | 银行职员 | 柜员、经理、客服等 | 提供银行实践机会，进行财商培养等 |
| 专业技术 | IT人员 | 人工智能人员 | 提供操作材料、参观的机会等 |
| | | 编程工程师 | 提供幼儿编程体验等 |
| | 汽车制造人员 | 汽车设计师 | 指导汽车设计等 |
| | | 汽车制造师 | 介绍汽车制作过程，参观汽车制作的机会等 |
| | | 汽车维修人员 | 分享汽车维修故事，了解汽车的结构等 |

续表

| 类别 | 职业 | 细分 | 可参与项目 |
|---|---|---|---|
| 专业技术 | 飞机制造人员 | 飞机设计师 | 指导飞机设计等 |
| | | 飞机制造师 | 介绍飞机制作过程，参观飞机制作的机会等 |
| | | 飞机维修人员 | 分享飞机维修故事，了解飞机的结构等 |
| | 无人机设计人员 | 无人机研发人员 | 分享无人机的相关技术等 |
| | | 无人机试飞人员 | 提供无人机试飞视频欣赏、试飞体验等 |
| | | 无人机销售人员 | 提供无人机销售机会等 |
| 国家公职 | 军人 | 消防战士 | 提供消防局参观机会等 |
| | | 武警士兵 | 提供军营实地参访、体验的机会等 |
| 其他 | …… | …… | …… |

### （三）步骤规划

步骤规划是开展综合探究活动的具体路径，也就是对综合探究活动如何开始、如何具体推进的思考。当确认了主题、内容后，教师应该积极创设班级的环境，并在合适的时机引入探究主题。通过和幼儿的共同讨论，分析对话并了解幼儿的已有经验，在进一步思考后将活动持续地开展下去。

教师应对班级环境有基本的设计与规划。如，小班希望开展与颜色相关的探究活动，在班级环境呈现中就需要有与颜色相关的元素。

环境氛围类：幼儿喜爱的大色块、色卡、彩虹等，为幼儿的探索提供直观的视觉支持。

生活连接类：彩色的服饰，各色的植物，幼儿彩色玩具，不同颜色的水果、蔬菜等。

探究工具类：各种彩色颜料、彩笔、蜡笔等（可以呈现在教室的各个区域）、各种材质的显色材料（如布料、不同的纸张等）。

书籍资料类：《彩虹色的花》《花格子大象艾玛》《变色龙》等。

在探索之初，教师可以先收集幼儿对颜色的相关语言，并将这些语言呈现在班级的环境中，体现幼儿对色彩的基本感知。然后根据探究内容，进一步引导幼儿感知色彩在生活中的应用、不同颜色的区别等。

这些活动的具体开展可以有教师自己的思考，也可以在开展的过程中边做边明确。但教师活动的开展需要有相关理念的支撑，在步骤规划中，综合探究有行动过程的指引，即"三人行"课程开展行动方案。

行动方案中包括教师对幼儿的观察和分析中理解幼儿感兴趣的内容，而后基于幼儿的兴趣进行行动计划，包括幼儿可以做什么、怎么做、用什么做、在哪里做、教师如何支持等。如，环境和材料的准备。同时记录幼儿的活动过程，并完成观察分析的循环。

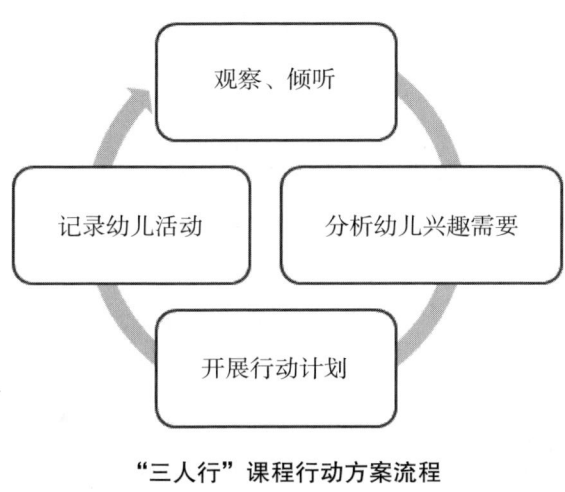

"三人行"课程行动方案流程

## 第二节 探究推进期的师幼互动策略

探究推进期是综合探究活动开展的核心部分，包含的主要内容有团讨、探索、分享。在团讨、探索、分享环节中，开展幼儿学习活动和操作体验，通过在推进期中教师和幼儿的互动，支持幼儿的持续探索，实现自主学习、合作学习以及主题开展的重要目标和价值。

### 一、团体讨论环节

团体讨论是综合探究推进期的起始阶段，其关键价值在于聆听幼儿的声音,了解幼儿的已有经验、可能存在的误区、幼儿的兴趣方向等,做好团体讨论能够为下一步的活动提供线索和依据。在团讨环节主要使用的策略有:建立情感联结、聆听、鼓励提问、发现热点、及时记录等。通过这样的方法和策略尽可能多地收集相关信息。

### (一)建立情感联结

与幼儿建立相互信任、尊重的和谐关系是开展有效师幼互动的前提条件,也是开启一个有效的团体讨论的基础。与幼儿建立情感联结,可以从幼儿的角度思考,我们的语气、表情以及行为可能会给幼儿带来怎样的感受。当幼儿有以下感受时,可以说,我们已经与幼儿建立了一定的情感联结。

- 老师关注我做了什么
- 我做的事情有意义和价值
- 不仅在幼儿园,老师也十分关注我的日常生活

教师可以通过拍照、录像等方式,将幼儿的一些表现在班级中进行分享,进而引发讨论,或者在教师和家长交流的过程中,家长分享的一些幼儿在家的表现和疑问也可以作为团体讨论中引发幼儿讨论的切入点。如,在开展"叶子"的探究活动中,班级教师提前收集并整理了幼儿在户外捡树叶的视频、照片,同时将他们收集的树叶整理好呈现在幼儿的面前,幼儿通过观看视频、照片,回顾了自己在户外捡树叶时的愉快心情,同时激发了他们表达的欲望,让后续的团讨更加深入。教师通常使用这种情感联结的方式,让幼儿感受到自己被关注、被重视。

### (二)聆听

在团体讨论中,还有一个关键就是要多倾听幼儿的声音,从幼儿处获得更多有效的信息,所以教师应该保持聆听的状态,同时以身示范,引导班级其他幼儿认真聆听他人的发言。保持聆听给幼儿带来的感受可能是包括以下几点。

- 老师对我说的话很感兴趣
- 我的分享是有趣、有价值的
- 我可以表达得更清楚一些

为了营造更加良好的倾听环境,教师可以具体使用以下方法。

- 当幼儿群体表达的时候，对幼儿的表达保持高度的热情，流露出兴趣盎然的态度
- 建立班级倾听规则：认真倾听他人的发言，必要时可以请幼儿重复或相互提问
- 在个别幼儿表达时，保持目光注视，以点头、"嗯""我也觉得是这样"等体态或短语不时回应
- 重复一下刚才幼儿说过的关键词
- 对不常发言的幼儿表达鼓励，如，"你说得很清晰""我发现你变得更勇敢了"
- 在倾听个别幼儿的发言时，尽量不要打断，鼓励他完整表达
- 不要把太多的时间用在维持幼儿的纪律上，只要大部分幼儿的注意力指向是一致的即可
- 当幼儿七嘴八舌地抢答时，教师不要用"请安静"等指令强制幼儿安静，而是用看上去或听上去更有趣的话题来吸引幼儿
- 团讨结束时，对今天幼儿的表现进行小结

## 案例

**中班综合探究活动**

### 欢乐水世界

虽然夏天玩水的欢声笑语还历历在目，但是秋风萧瑟，树叶飘落，天气反反复复，教师担心孩子们玩水容易着凉就暂停了玩水的项目。每次上秘密花园的时间多数用来做清理和浇水这样的活动。可是，打造秘密花园的初衷是为了满足孩子们自由游戏的需要，孩子们也渐渐不再满足于这些简单的活动，有的孩子提出："老师，我们什么时候才可以玩水呢？"孩子有兴趣，玩水过程中又蕴含了大量的探索价值，教师该如何支持呢？

12月初的深圳天气渐渐转凉，怎样玩水可以让孩子又有收获又能够保护好自己的健康呢？于是，班级开展了关于"冬天可以怎么玩水"的团体讨论。

教师：小朋友们，这是我们夏天一起去秘密花园玩水时的照片，看呀，

大家玩得真开心。现在冬天到了，你们还想到楼上去玩水吗？

孩子（集体）：想！玩水很开心！

辰辰、心心、阳阳：不想，天气太冷了，会生病的！

教师：听起来很多小朋友还是想上去玩水，但是也有小朋友担心会着凉。那么，如果我们要上去玩水的话，怎么样可以既玩得开心，又保护了自己的健康呢？

天哥：穿厚一点的泳衣。

宸宸：我们玩水的时候，水枪不对着人，可以对着墙、树叶、地面、船……保护其他小朋友。

教师：宸宸的这个办法很重要，我们不仅要保护好自己，还要保护好我们的小伙伴，真有爱！

贝贝：我们还可以多带几件衣服，弄湿了就赶紧换下来。

坤坤：需要热水。

教师：你是说要把玩水的水变成温水，是吗？

坤坤：是的！

教师：小朋友们想到了很多有用的办法，老师都没有想到这么多，可是有个问题，我们到哪里找热水呢？

悠悠：我们可以等太阳大一点的时候去玩水，太阳可以把水晒热一点。

教师：悠悠想的把水变热的方法很巧妙（大笑）。

小丫：我们可以烧点水，把水弄温，就不会那么凉了。

琪琪：我们还可以准备一些玩水的工具，在水桶里面玩就不会弄得太湿了。

教师：看来小朋友们都想到了很多办法，我们明天可以去试一试，当然，如果还是担心的小朋友可以在旁边选择其他玩具，我们明天先去探索一下，看看会有什么收获吧！

在这个团讨过程中，教师及时抛出问题，引发幼儿思考，聆听了幼儿的解决策略，始终保持倾听、感兴趣的状态。幼儿想出了很多的办法，通过聆听，教师了解到幼儿已有的相关经验有：①玩水的时候不仅要保护好自己还要保护好自己的小伙伴；②玩水过程中如果弄湿了衣服要及时更换以免着凉；③玩水需要准备相关的工具；④可以在太阳较好的天气玩水，水温不宜过凉……

实际上，这也是教师想要和幼儿在正式玩水之前强调的一些规则和要求，通过团体讨论，激发了幼儿的主动思考，教师作为聆听者需要做的就是及时记录并总结。

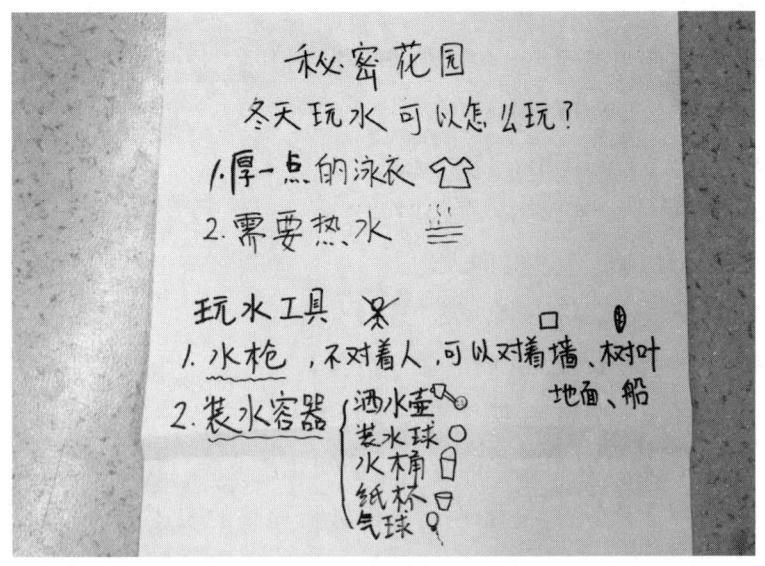

玩水活动记录总结

### （三）鼓励提问

在团体讨论环节，不仅要让幼儿能够表达观点，而且要让幼儿能够敢于提问、善于提问，这是发展幼儿批判性思维的先决条件。幼儿天生都是有好奇心的，但是并不是每名幼儿都愿意或者能够把问题提出来。鼓励提问应该让幼儿有以下感受。

- 我提的问题很有价值
- 教师对我提出的问题很感兴趣
- 我提出的问题能够得到回应或解答

为了让幼儿能够获得这样的感受，教师可以在团讨环节鼓励幼儿大胆提出问题，教师可以这样做。

- 对幼儿提出的每一个问题都表示尊重和肯定，不否定

- 多问"还有什么?""还有吗?"
- 在幼儿提出的问题上加以延伸,帮助幼儿厘清问题,引发幼儿更加深入的思考

如,幼儿:消防员叔叔是用什么灭火的?

教师:对啊,灭火器里喷出什么可以把火扑灭呢?

- 在大纸上记录幼儿的问题
- 提示幼儿使用提问词开头的句子来学习提问,这些词包括:

为什么……?(WHY,关注原因)

在哪里……?(WHERE,关注地点)

什么时候……?(WHEN,关注时间)

谁……?(WHO,关注时间人物)

哪一个是……?(WHICH,关注选择)

有多少……?(HOW MANY,关注数量)

……是什么?(WHAT,关注事件本身)

在小班,教师可以用这些词开头,让幼儿往下接。在中班,教师可以引导幼儿用上述词对某一问题的不同方面进行完整的表述。在大班,教师可以和幼儿一起将这些词以文字加图的形式写在显眼的地方,方便幼儿回忆使用。

### 案例

#### 小班团体讨论片段实录

在"我和我的幼儿园"探究活动中,教师请孩子们对幼儿园生活进行提问。

教师:关于幼儿园,小朋友们还想知道什么?大胆地说出来吧!

孩子1:为什么幼儿园的老师要穿校服?

孩子2:为什么要户外活动?

孩子3:为什么要睡午觉?

(教师意识到孩子开始跟风,模仿性地用"为什么……",但是教师没有制止或批评这种提问的方式或者问题)

教师：哦，你们关于幼儿园有这么多的问题想要了解，看看我们如何通过探索找到答案呢？我们可以有很多的提问方法，如，老师周三穿什么颜色的园服？小朋友都在哪里睡午觉？每个班都是谁哄小朋友睡午觉呢？这些问题，你们想知道答案吗？

孩子（集体）：想！

孩子4：那老师周一都是穿裙子的园服吗？

孩子5：男老师也穿裙子吗？

通过教师的鼓励，幼儿的提问方向由不可探究、有固定答案的内容，转向了可以通过调查获取资讯的问题，为后续活动的开展打下了良好的基础。提问是一门艺术，有效提问更是教育活动过程中教师与幼儿之间常见的一种相互交流的方式，也是联系师幼思维的纽带。鼓励幼儿提问能更好地发展他们的思维，促进其综合能力的提高。

### （四）发现热点

在团讨环节中，幼儿表达最多、最集中的部分往往是班级幼儿最为感兴趣的部分，教师应在讨论中及时捕捉班级幼儿共同的兴趣，即探究的热点。当讨论到热点时，幼儿可能会有以下感受。

- 这个我也体验过
- 我和我的小伙伴有共同的经验

当发现热点时，教师常常能观察到，当一个话题引起大部分幼儿的关注和热情时，团体讨论的氛围会更加活跃，许多幼儿会争抢发言机会，甚至有的幼儿会不自觉地站起来表达自己，幼儿通常会使用"我也……"的表达方式。

教师要关注和发现幼儿的兴趣热点，因为这往往是后续探究的重点内容。教师可以这样做。

- 观察幼儿的表情，看看幼儿对话题的兴趣度。
- 感受团体讨论的氛围，当看到幼儿争相举手发言时，着重记录和总结。

**案例**

大班综合探究活动

## 色拉和魔法店

**第一次团体讨论**

教师：小朋友们，前两天我们一起分享了一个好听的故事，是关于柳树村的昆虫们的，你们还记得故事叫什么名字吗？

集体：记得，是《色拉和魔法店》。

教师：故事里发生的事情还有里面的小昆虫们，哪些让你们感兴趣呢？或者你们有哪些疑问呢？你们先和小伙伴分享一下，然后我再请大家一个一个来说。（幼儿自由分享2分钟）

教师：现在谁先来说一说？

思诚：那个蜗牛好神奇呀，爬过的地方会闪闪发光。

早早：蜗牛怎么会有那个东西呢？

诚悦：我很喜欢那个蜻蜓。（教师追问：为什么呢？）它长得很特别。

画画：里面的蝴蝶结婚了，原来蝴蝶也能结婚呀。

珊珊：我参加过婚礼。

琪琪（以及其他几个女孩）：我也参加过婚礼。

教师：你对婚礼有些什么了解呢？（珊珊：不记得了！）

佳佳：里面还有蚂蚁一家！爸爸、妈妈和蚂蚁宝宝。

教师：它们是怎样生活的？（佳佳摇摇头）

教师：你们还记得昆虫是怎么找到蝴蝶家的吗？

想想：它们还跟着地图走的，可是地图是怎么画的？

溜溜：我们班上也有地图，我们还可以看地图。

……

教师：刚刚小朋友们提出了很多问题，这些都要通过我们的探索去找答案！刚才小朋友们主要说到了三个不同方面的内容，一个是关于昆虫的，一个是与婚礼有关的，还有一个是关于地图的，你们可以自己选择一个喜欢的内容再进一步探索，也可以选择和你的伙伴一同去探索。

通过对幼儿讨论热点的捕捉，教师快速总结了三个探究方向，这些探究方向各有价值,但无一例外地都能够促进幼儿的深度思考和调查,所以及时发现热点并总结对后续活动的开展有重要价值。发现热点是幼儿对感兴趣事物的一种表现,而兴趣是激发幼儿探索的重要内在动力。

### (五)及时记录

教师通过记录能够帮助自己在后续的活动中回忆讨论的重点,同时通过及时的记录激发幼儿持续表达的欲望,以收集更多有效的信息。当幼儿看见自己的表达内容或者问题被教师及时记录在纸上时,可能会有以下感受。

- 教师非常重视我的表达
- 语言可以转化成文字或者图片,很神奇

为了达成以上目的,教师可以采用及时记录的策略,包括以下办法。

- 记录的纸张要尽量大,1开或1/2开为好
- 记录的笔头要粗一些,以便所有幼儿能看清
- 可用2—3种不同颜色的笔记录,以区分内容。如,幼儿的已知经验用黑色笔记录,幼儿提出的问题用红色笔记录
- 灵活使用思维导图,将幼儿讨论的内容迅速进行分类整理
- 可提前在大纸上进行分区,记录时迅速填入可以节省时间(如幼儿的发现、幼儿的问题等)
- 小班多用图示记录,中大班多用图文并茂的方式记录

教师可以一边组织讨论,一边和幼儿一起商量如何记录,记录的内容让幼儿也能看懂。当然,在实际操作中,我们发现有时教师专注地与幼儿讨论时,同时记录存在困难,教师可以先使用简要的文字、符号进行记录,后续可以将记录补充完整,并布置在班级综合探究进程的展示区域,让幼儿时刻能够唤起团体讨论的回忆,引发思考。如果条件允许的话,可以在团讨时,专门安排一名教师负责记录。如果条件不允许,教师可以全程录音,以防漏掉一些重要的信息。

 **案例**

思维导图的呈现方式

在综合探究活动过程中,可以在很多环节和活动中使用思维导图。如,在团讨中,教师可以使用思维导图进行记录;在幼儿进行经验表述时,可以用思

维导图使表达更加清晰；在调查参访时，可以用思维导图整理收集的信息。

我园常用的图示方法有以下几种。

### 1. 圆圈图：定义一件事情

主要用于把一个主题展开，联想或描述细节。它有两个圆圈，里面的小圈是主题名称，外面的大圈里是和这个主题有关的细节或特征。基本结构如下所示。

例1：螃蟹

圆圈图

### 2. 气泡图：描述事物的性质和特征

围绕一个主题对其性质和特征进行罗列描述，以气泡的方式清晰直观地呈现事物的基本特征，帮助幼儿直接感知并且明确有序地进行综合探究活动。

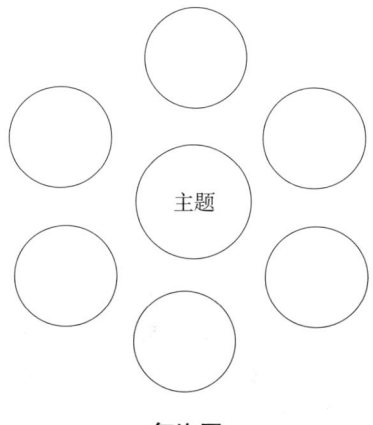

气泡图

例2：汽车

**汽车气泡图**

## 3. 树状图：分类与归纳

以下是基本形状。

**树状图**

这种思维策略使用的方法很灵活，如可以这样用：

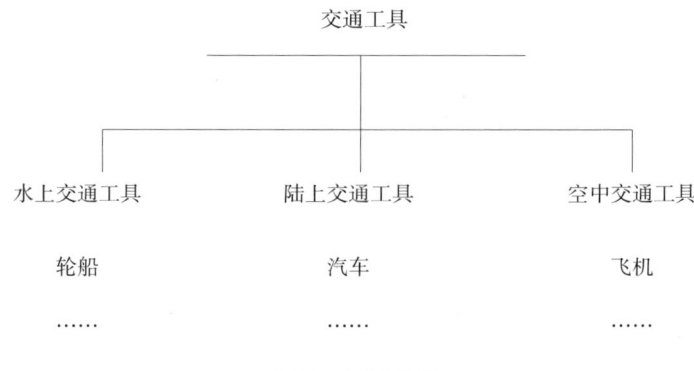

**交通工具树状图**

还可以这样用：

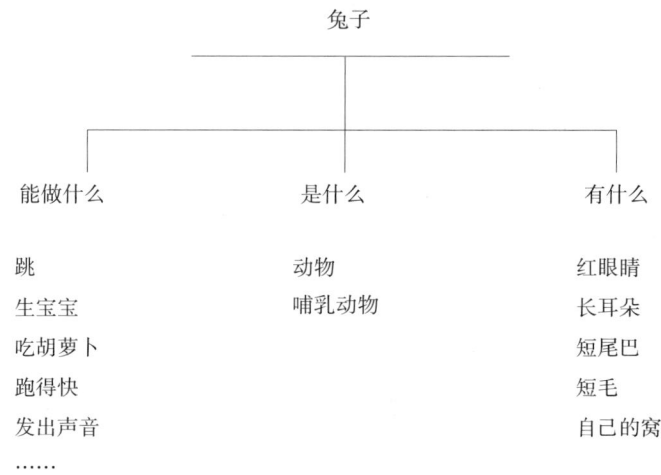

**动物树状图**

这种方法提示了固有的线索，帮助幼儿思考和表述问题。经常使用这样的方法，可以培养幼儿清晰的表述能力。小中班幼儿可由教师主导绘制思维导图，大班幼儿可以以小组合作学习的方式自主绘制思维导图。

在小中班时，教师有意识地用思维导图的方式进行板书并记录幼儿的语言、重点，对幼儿观点进行提升归纳，在潜移默化中让幼儿认识思维导图；进入大班后，在讨论时引导幼儿以小组的形式完成思维导图。教师可以为幼儿提供思维导图框架，并提供一些可粘贴的材料，供幼儿讨论并粘贴完成。

随着幼儿对思维导图的结构逐渐熟悉，可以请幼儿自己通过绘画、前书写的方式完成思维导图。

## 二、探索发现环节

探索发现是体现"如何做"的环节，这个环节的关键价值在于创造条件、提供机会让幼儿直接感知、实际操作、亲身体验，从而实现自主学习、合作学习、探究学习的目标。这个环节能促进幼儿发现问题、寻求答案的积极性和能力的提升，通过表达、表征培养幼儿的创造力。在这个环节中，教师要将抽象的概念转化为幼儿可以操作、实践的体验内容，同时保证幼儿探索的时长。在探索发现环节，教师常使用观察与记录、调查与分析、资源提供、合作学习支持及示范引领等策略促进幼儿的深入学习和探索。在探索发现环节，要着重支持幼儿的自主学习和合作学习。

**自主学习支持**

- 调查的内容和展开的探究活动都是基于幼儿的兴趣和需要
- 为幼儿准备充分的探索材料
- 给幼儿充分的选择权，选择什么时间、以什么方式做与探究相关的事情
- 在教室里创设探究专区
- 认真对待幼儿反馈回来的调查表或海报，及时张贴，精心设计版面
- 鼓励幼儿围绕收集回来的信息进行随机交流
- 以同伴的身份参与，和幼儿共同操作材料

**合作学习支持**

- 相信幼儿，把所有幼儿能做的事都交给幼儿。如，管理自己的调查表、收集材料、在电脑上导出自己拍摄的照片、在指定的范围内摆放自己带来的材料
- 以合作学习的方式开展小组活动，注重幼儿的合作意识和能力的培养
- 注重分工合作的过程，不包办代替

具体落实到实践中，教师可使用以下策略。

1. 观察与记录策略

在探索发现环节，教师常用的一种互动策略是观察与记录。观察记录

是了解幼儿、解读幼儿的关键，是教师实施有效指导的前提，是教师反思自我、调整活动材料的依据。

综合探究活动在"三人行"课程行动方案中的第一项重点任务就是观察，了解幼儿感兴趣的内容，同时通过观察记录幼儿操作的一些过程，推进持续探究。在实际操作中，教师对如何观察记录存在着困惑和疑问。教师到底应该如何观察？观察什么？怎样才能为后续的活动开展收集有用的资料呢？

**关于如何观察记录**

需要明确的是，观察应该是一种有目的、有计划的活动，教师在正式观察幼儿之前，应理解并熟悉在探究主题下可能有哪些值得探索的内容，应先明确要观察哪些幼儿，观察什么活动，想要了解哪些相关的信息等。

首先，观察幼儿在活动中的状态，主要包括幼儿操作的时长、幼儿的表情等；其次，观察幼儿在操作中使用的方法，主要包括幼儿拿取材料的顺序、幼儿遇到问题时的处理方法（是向教师、同伴求助还是自己探索）；再次，观察幼儿在操作中与他人的交往情况，如幼儿向他人求助的情况、幼儿与他人合作分工的情况（在操作中是主导者还是配合者）；最后，观察幼儿可能的经验水平，如幼儿在探索的过程中遇到了怎样的困难、幼儿可能缺少的相关经验等。

## 案例

**中班综合探究活动**

### 神奇的光影

在一次综合探究活动中，教师将孩子们分成了不同的小组，教师提出"我们到哪里能够找到影子呢？"这个问题引发了孩子们的讨论，他们提出要到户外去找影子，于是，一场实地探索开始了。

教师先跟随孩子们的脚步来到小剧场，但是他们只是短暂停留便要离开。教师记录了两个孩子的对话和表情。

太一（微微皱着眉头）：这里的影子太少了。

托马斯（一边说一边看向窗外）：因为这里的阳光不够亮，对吧。

通过孩子们的对话，教师认为他们可能已经能够理解影子的清晰程度与光源的亮度有关，随即追问：那么，哪里的影子能够更清晰呢？

托马斯（抬起头大声说）：楼顶，因为楼顶的太阳最大。

随后，教师和孩子们又一起来到了顶楼花园，这里虽然有阳光，但是巨大的墙壁遮挡了阳光，看起来是整片的阴影（实际上，整片的阴影也是影子，但是孩子们无法直观地感受到）。

托马斯（表情疑惑）：这里没有影子……

权权（大声说）：因为墙壁挡住了。

托马斯：我们再到一楼看一看，要找到没有墙壁挡住太阳的地方。

太一：我们要去有阳光，看得清楚影子的地方找。

托马斯（拉了拉教师的衣服）：我们快点下去吧。

来到一楼，阳光正好，阳光洒在二楼的栏杆上照映到地面，形成了很多明显的影子。

托马斯（满脸骄傲，昂头挺胸）：你看！那边！那边都是阳光。

太一：是楼上栏杆的形状。

教师：这里阳光很充足，而且遮挡的物品也很明显呀。

在这个户外探索的片段中，教师追随幼儿的假设，一路验证假设，没有急于给出正确的答案，而是在过程中做好观察者、记录者的角色。

教师一直追随着托马斯的兴趣和好奇心，楼上楼下地找影子。"到哪里能够找到影子？"这个问题的背后实际上是教师希望幼儿深入探索影子形成的条件，包括光源、不透明或半透明遮光物体以及显示影子的地方。通过实地探索，幼儿能够在操作中获得直接的感知和经验。

教师观察并记录了幼儿的表情，托马斯在思考时的表情是相对严肃的，当自己的设想得到验证时，他的表情和神态由当初的疑惑、急躁，变成了满足、开心和得意。通过表情，教师了解到出现疑惑是因为验证的结果与自己的假设出现了冲突，而认知冲突的产生是幼儿产生新经验的好时机，打破了幼儿原有的认识。当托马斯的表情转为满足、开心、得意的时候，说明他已经建构起了对影子的新认识，并且在实际探索中验证了自己的想法。这些微妙的表情变化都在向教师传递着幼儿可能的经验提升的信息。虽然教师没有直接告知，但是通过观察能够了解幼儿通过感知获得新经验的愉悦感和成就感。

在这个过程中，教师拍摄了大量的视频、照片，这些资料可以和全班幼儿分享，以经验辐射带动更多幼儿经验的提升。

意大利著名幼儿教育家蒙台梭利说过，唯有通过观察和分析，才能真正了解孩子的内在需要和个别差异，并由此决定如何协调环境，采取应有的态度来帮助幼儿成长。观察记录的过程既是了解幼儿发展水平的过程，也是帮助教师专业能力提升的过程。

2. 调查与分析策略

在探索发现环节，合理使用调查表，能够有效推动探索活动的进展。在前期使用调查表的过程中，我们也遇到了一些困难和瓶颈，如，调查表文字过多，幼儿在分享时无法很好地回顾调查内容；调查的问题是无法体验的二手信息，幼儿很难直接感知、亲身体验。在后续不断的研究中，我们总结并梳理了调查与分析的一些策略。

有效调查的核心是激发幼儿到实地进行考察，对教师提出的问题能够给予呼应和互动，这样的互动不是即时互动而是长效互动，能够引发更多的思考和问题，推动深度学习。

**关于调查表的设计与使用的思考**

• 调查表使用的时机：当班级材料、环境无法满足每名幼儿的体验时，可以将体验的任务制成调查表，引导家长带领幼儿一起探索。

### 案例

**各年龄班综合探究活动**

## 豆子可以怎么吃

调查表不仅能够引导家长带领孩子开展探索某种豆子吃法的活动，而且能够进一步拓展全班孩子的经验，了解更多关于豆子的吃法。

调查表版面设计：

• 调查表应向家长解释综合探究的进程及调查的目的和意义

• 一次调查的问题宜少不宜多。小班一次只调查1个问题；中大班可酌情增加

- 版面设计尽量简洁，留出足够的空间让幼儿表征（写、画、贴均可）
- 调查表上可以有部分内容留给家长填写，提示家长如果要使用文字说明的话可以尽量使用孩子认识的字或用图加文的形式来记录
- 调查的问题可以聚焦，也可以由幼儿选择自己想调查的话题。因此，调查表的格式可由教师创造性地发挥

调查表的使用从幼儿的兴趣出发，搭建学习支架，让幼儿通过亲身调查与实际体验逐步深入认识事物。还可以帮助教师了解幼儿的现有经验，充分调动幼儿参与活动的积极性和求知欲，也可以让作为探究活动支持者的家长参与其中，在一定程度上促进亲子关系的和谐。

3. 引发对比和推测策略

在探索和发现环节，有效地引发幼儿的推测和对比，能够锻炼幼儿的思维能力，引发幼儿进一步的思考。

### 教师可以采取的提问与对话策略

- 概括：可用这样的句式，"因此，你认为是……"。
- 提供经验：提供成人自己的经验，如，"当我烧饭时，我也很喜欢听那段音乐……"
- 澄清：澄清想法，如，"哦，因此你认为……是不是？"
- 建议：如，"你可以用这个方法试试。"
- 提醒：如，"不要忘了，你刚才说石头煮的时候会化的。"
- 观点：提供一个可选择的观点，如，"也许某某在做那件事时就不是很调皮了。"
- 推测：如，"你认为三只熊会喜欢某某，并和它成为朋友吗？"
- 提供场所思考：如，"当你跳进水坑时，幸亏你穿着雨鞋，而我就全湿了。"
- 开放性提问：如，"你是怎么想的？""如果……就会如何？""下面会发生什么事？为什么会这样？"
- 示范：做思考的示范，如，"我一直在想，今天晚上我要做的事，我需

要把我的狗带到兽医诊所去,因为它的脚发炎了;然后我要把图书馆借的书还掉,还要买些晚上的食物。但是,我没时间做这些事。"

### 案例
大班综合探究活动

## 水的变化之解救冰冻水果

**探究缘起**

本学期秘密花园进行了大改造,玩水区的环境也进行了更有童趣的装点和布置。在分组活动中,我们带着孩子们来玩水区玩耍,孩子们自行玩起了水炸弹、水枪、踩水等,玩得不亦乐乎。回到班里,我们与孩子们谈话,发现他们对上个学期开展的有关水的各项活动还意犹未尽,加上秘密花园玩水区的美化升级,孩子们对水有了很多新的想法,所以本学期我们延续了孩子们的兴趣,继续开展有关水的主题探究活动,支持孩子们的探索欲望。

**问题提出**

我们向孩子们抛出开放性的问题,"提到水,你们想到了什么?",孩子们说"水放进冰箱会结冰""水是会流动的""水煮开会有水蒸气""冰会融化""冰放在太阳下融化得更快"……结合孩子们提到的方向,我们通过投票决定探索冰变成水。

**实际操作**

为了支持孩子们的深度探索,我们设计了一个有趣的科学活动"解救冰冻水果",并与孩子们展开了热烈的讨论。

教师:小朋友们,你们觉得水在什么条件下会变成冰?

然然:零下10摄氏度就会变成冰。

晨晨:要很冷很冷。

开开:我们可以把水放到冰箱里。

水晶:我觉得零下1度就会变成冰。

煊煊:北方冬天的时候水就会结冰了。

弟弟:老师,我们一起把水放进冰箱做实验吧。

橙子:老师,我可以在水杯里放一个小东西,我想看看能不能把它冻住。

教师：好啊，可以把水放进冰箱，也可以在水杯里面放些东西进去冻，你们想放什么？

阳阳：我想放小水果。

依依：我也是，我也是。

二宝：我想放小雪花片。

忠蔚：我想放橡皮擦。

依以：我想放玩具小企鹅。

越越：我想放一朵干花。

扬扬：我想放块小木头进去冻。

教师：那你们在教室里找一找想放进去的材料吧。

孩子们很开心地在教室里搜索可以放入水杯中冰冻的材料，有的选择了多米诺骨牌，有的选择了玩具水果，有的选择了小积木块……选好后，他们自行去装水，并把水放进冰箱。从户外回来后，孩子们提出想看看，于是我们拿出水杯观察，发现水还是液态的，还没凝固，于是继续放进冰箱慢慢等待。在这个过程中孩子们发现水变成冰不仅需要温度，还需要时间。第二天，孩子们打开冰箱发现水结冰了，而且杯子里的材料都被冻住了。孩子们看到这个现象又有了新的想法，"用什么办法能把冰块里面的东西解救出来？"

小鱼儿：加热。

皓文：敲碎冰块。

恺恺：晒太阳。

阳阳：放到水里。

小爱：扔到地上。

小宝：吹一吹。

大宝：放到水里。

使用哪种办法能够让冰块更快融化呢？

教师：你们的想法可真多，老师这里准备了一些可以探索的材料，你们想一想，这些材料可以怎

**水的变化活动现场**

么玩呢?

聪聪：老师，我们可以用扇子来扇风！

涛涛：可以用石头来砸冰块。

凯凯：纸巾可以吸水，用纸巾包起来。

俊睿：用筷子戳一戳。

贤贤：把冰块放到水里面，让它慢慢变成水。

教师：接下来让我们一起去探索吧！

孩子们自由组队，3—4人一组，每组自由选择操作材料，进行初次实验探索。他们有的拿着石头去敲击冰块，有的用扇子扇冰块，有的用木棍去戳冰块，还有的用纸巾反复包裹冰块……后来孩子们发现敲击的办法最快，纷纷用起了这个办法，最后成功解救出了水果。在探索过程中，幼儿调动多种感官去探索、体验。

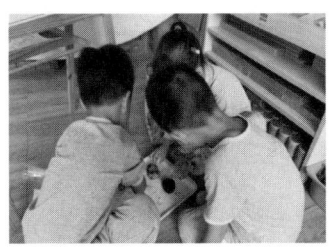

幼儿参与活动

幼儿记录

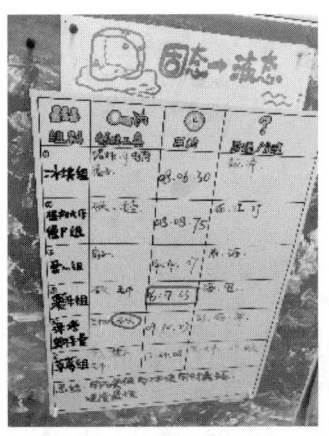

水的形态变化

解救水果计划

**探究延伸**

大家在探索的过程中,用锤、敲、打、吹、砸等动作来加速冰的融化,冰的融化其实是吸热的过程,通过接触空气和外力因素,冰就从固态变成了液态。在总结的过程中,通过记录时间,我们发现有的小组用时短,有的小组用时长,最后通过对比我们发现,用石头是最快的。孩子们意犹未尽,有的小组冰块还没完全融化,孩子们提出可以到户外晒太阳,可以去生态养耕场、跑道,换一个场地继续进行尝试。接下来,我们将继续跟随孩子的兴趣,探索水的形态变化。

对比和推测是幼儿综合探究活动中的一种重要的学习方法,幼儿通过观察、分析,找出学习内容的相同点和不同点。在学习和生活中让幼儿接触不同角度的信息,通过对比和推测分析其中的关系,有助于幼儿从低级思维走向高级思维,提高其思维品质。

4.学习资源提供策略

在探究过程中,拓展幼儿的学习经验需要教师适时提供学习资源。支持幼儿的学习资源主要有两大类:一手资源和二手资源。

一手资源是指可以为幼儿带来实际操作、亲身体验、直接感知机会的人、地点、物品、事件等。如,提供咨询的专家、汽车制造厂、组织体验银行的活动等。二手资源是指幼儿可以了解二手经验的途径,如,书本、电视、互联网、图书馆、博物馆等。教师将一手资源和二手资源有机地结合,综合探究活动将开展得更加丰富多彩。

**案例**

中班综合探究活动

## 彩 色 油 墨

开学初,绘本《进城》吸引了孩子们的兴趣,与众不同的画面让孩子们想一探究竟。教师和孩子一起阅读后,孩子了解到这本书运用的是类似版画的艺术表现形式,于是开启了关于版画的探究之旅。

版画这一艺术表现形式看似离生活较远,幼儿园阶段涉及较少,但是作为一种艺术表现形式,孩子们在尝试中了解、理解、感受、欣赏也无疑有着重要的价值。版画到底是如何制作的呢?带着疑问我们观看了相关视频,直观感受到了版画制作的复杂性,并归纳了版画的三个步骤:画—刻—拓。

在总结版画的操作方法后,孩子们根据自己的已有经验了解到刻画部分是最需要解决的问题。为了解决这个问题,首先,我们把剪纸区进行了调整和丰富,投放了刻纸的材料、工具。通过团讨,孩子们对新工具产生了强烈的好奇心,同时也发现了使用刻刀的危险,安全意识在一次次的活动中得到强化和提升,经过讨论大家选购了防割手套。在试戴时浩轩发现了"XS"的符号,中班时我们了解过缩写字母代表的意义,通过细心观察我们回顾并扩充了孩子在生活中对字母符号的认知经验。在第一次尝试刻纸时我们就遇到了"刻不干净、很难刻"的问题,教师尝试后发现不是力道的原因。于是,我们观看相关视频,发现是我们的操作方法有不恰当的地方,不是直接刻模板纸,而是要在模板纸下垫上红纸,那张红纸才是最终的作品。解决了刻纸的步骤,新的问题又接踵而至,孩子说:"纸一刻就破、纸太软了。"材料的更换势在必行,我们通过网络了解到红蜡纸更加适合刻纸。在不断发现问题、探索方法、解决问题的过程中,我们与孩子们一起梳理归纳了符合大班年龄段的刻纸步骤图,并展示在剪纸区,让孩子们通过浏览,自主进行刻纸。

看似操作单一的刻纸却蕴含着很多学问,方法、工具、材料都有讲究,在探索的过程中孩子们也带给我们很多惊喜。想想和毛毛就是典型的有观察能力的学习者,从多次观察同伴刻纸到亲自操作,这是属于他俩独有的学习方式。毛毛体验到刻纸带来的成功感后,沉醉在刻纸的世界里,在剪纸区总能看到他的身影。在家长开放日中,毛毛妈妈对毛毛刻纸时认真专注的学习品质也给予了积极的回应,并鼓励和提供材料支持,在家里也购买了刻纸工具。通过对刻纸认知的提升、材料的改变、孩子的兴趣、家长的支持,我们给孩子提供了一个可持续性的探索环境。

日积月累,孩子们创作的作品越来越多,在讨论作品的收纳问题时,他们提出要制作作品册。封面的制作、内容的创作、作品册的装订都由孩子们独立完成。作品册的展示也成为另一个孩子们相互学习、相互欣赏、互相成就的方式。孩子们的小肌肉在不断发展,技能方面也有很大的提升,但我们更注重在此过程中对中华传统文化的渗透，让孩子们真正走进中国传统艺术，了解她、热爱她并且将其发扬光大。

在刻纸的过程中，孩子们同时也在探索拓印的玩法，选择了自然材料、手工材料等，分别对剪纸、落叶等进行了拓印游戏，在游戏中掌握了拓印的方法，也感受到材料与创作方法互动时带来的多样性和操作乐趣。

当孩子们对刻、拓印有了一定的了解和掌握后，我们将这两种艺术表现形式相结合，进一步探索版画。孩子们通过看、摸、闻的方式，第一次体验传统木版画，从未接触过的材料让他们兴致盎然。但是木板的硬度让孩子们很难刻画出预先设计的图案，我们改用材质较软的吹塑纸来进行尝试。吹塑纸操作简单，但是想要用油墨拓印出版画的质感时，效果不佳，很难让孩子们感受到成功的快乐。

材料的不适合、方法的不熟练让我们开始有点苦恼，秋季社会实践的到来打开了我们的思路，在确定了综合探究的方向后，我们与家长沟通决定参访版画村，我们希望利用社会资源，让环境去激发孩子。在这过程中，家长积极配合、联系沟通、全程跟进，家园共育，通过"走出去"的方式走进版画、了解版画。版画村独有的排屋、版画基地的各国版画大师创作的工作室、不同拓印方式的版画机、琳琅满目的工具材料让我们大开眼界。值得一提的是2016年建成的版画博物馆，除了展出优秀的版画作品外，里面还设置了一个版画体验工作室，旨在让大家通过亲手制作感受版画的魅力，这正与我们综合探究的目的不谋而合。孩子们在长达一个半小时的过程中认真而投入，刻画图样、耐心等待、相互合作，相信这样的体验会给他们留下深刻的印象。

活动结束后，孩子们回家写幸福日记时自发地对版画村之行进行回顾，还能清楚地记得制作版画的步骤，并表达对版画的喜爱。在参访了版画村之后，孩子们有收获，教师们也有所启发。我们回到班级第一时间对环境和材料进行调整。设立了版画区，添置了版画工具，更换橡皮砖等材料，让孩子在有氛围的环境下，静心深入地探索版画的世界。

环境和材料的调整在很大程度上满足了孩子想要动手操作的愿望，孩子们通过对比发现，橡皮砖比木板更好操作。八个位置的版画区常常供不应求，我们添置了形状不一的橡皮砖、大小不同的刻刀，孩子们从练习刻线条到设计图案，我们也借助分享作品的机会，帮助孩子归纳了阴刻（凹刻）的方法，肯定了孩子们活动结束后整理收纳的好习惯。

惊喜永远在不经意间，大米老师与董老师的聊天中得知妞妞是小学部版画社团的一员，这样好的资源我们当然不能放过，于是邀请她来做小老师，将自己的经验分享给弟弟妹妹。妞妞展示了新的材料，也带来了刻画的另一种方式阳刻。新的刻画方式激发了孩子们的兴趣，他们围着妞妞问个不停，但阳刻的整个工艺较复杂，为了让孩子们方便操作，我们由繁化简，先引领孩子们一起观察阳刻的特点：能更清晰地拓印出图案，刻画的图案和拓印出的图案是相反的。如果要刻画文字要先学会写空心字。

表2-5 幼儿版画制作的资源支持

| 阶段 | 资源 | 价值 |
| --- | --- | --- |
| 幼儿对版画表现出浓厚的兴趣 | 版画制作过程的视频 | 了解版画的制作过程，进一步引发幼儿自己动手操作的兴趣 |
| 幼儿了解了版画需要画—刻—拓 | 增加了刻刀、保护的工具 | 鼓励幼儿主动在区域中进行探索和实践 |
| 幼儿在尝试制作版画过程中遇到困难 | 尝试更替材料，提供了吹塑纸等材料 | 调整材料，幼儿在尝试中不断完善对版画的理解 |
| 制作版画遭遇瓶颈 | 社会实践，走进版画村 | 再一次引发幼儿的兴趣，并将实地参访的经验带回班级 |
| 幼儿对版画制作兴趣高涨 | 版画制作"小专家" | 引领幼儿更加深入地开展探索 |

由此可以发现，适时引入合适的资源（见表2-5），能够有效地推动活动的深入开展，让幼儿在与环境互动的过程中积累更多的经验，引发幼儿更深层次地思考，逐步掌握解决问题的思路与方法。

5. 支持幼幼合作策略

在探索发现的过程中，有效的互动不仅要激发幼儿与教师之间的互动，更重要的是要引发幼儿之间的互动与合作。在幼幼合作中，支持幼儿共同探索、获得经验。对于幼儿来说，合作的经验与能力也是需要不断积累的，教师通过师幼互动支持幼儿的小组式学习。

教师支持幼儿加入一个小组进行共同学习

· 提供合作学习的机会和情境，如开展科学探究、艺术创作等小组合作活动，关注幼儿参加活动时的情绪和与同伴的互动状态。

· 及时发现与鼓励幼儿的进步，增强幼儿自信心，支持幼儿大胆表达，敢于提出自己的想法和建议。

· 为幼儿加入小组遇到困难时提供帮助。

### 案例
中班综合探究活动

## 桥

在综合探究活动"桥"的探索阶段，乐乐提出用自己的身体当测量工具来测量桥的长度，教师给予了及时的肯定，但乐乐在实施测量的过程中出现了一个问题，那就是他每次测量的结果都不一样。教师注意到合作在此时的重要价值，于是及时地提出了问题："为什么你每次测量的结果都不一样呢？"乐乐说："因为测量完一次后，我爬起来接着量的时候，就不知道我的脚的位置了。"教师继续提问："那可以怎么办呢？"边上的小鱼立刻说："我可以和你一起测量，头接着脚就可以了"。教师及时肯定了小鱼的想法，并为孩子们设计了统计表，让他们在自由探索后进行统计。

一起用身体作为测量工具

孩子们合作记录测量结果

教师支持幼儿理解并支持同伴的行为：

· 给幼儿提供适宜、丰富的多样材料，配合幼儿的活动

- 经常与幼儿交流想法，鼓励幼儿与同伴交流
- 及时鼓励幼儿间的支持行为

### 案例
**中班综合探究活动**

## 创 意 美 术

在中班混班区域的设置中，我们设定的是"艺术体验馆"。上学期，我们通过细心地观察，发现孩子们在区域活动中对探索颜色及美术工具有着浓厚的兴趣和好奇心，于是我们开展了"美术工具变变变"的综合探究活动。

我们原计划4月份以"线条画"为主要练习方向，并且提供了很多不同材质的东西让孩子作画，在这个过程中，孩子对线条画非常感兴趣，总是有人在问："老师，什么时候可以画线条画？"我们及时捕捉到孩子们对线条画的喜爱和憧憬，于是把线条画的探索时间延长了一个月，继续为孩子们提供多样化的材料，支持孩子们的持续学习。

支持幼儿学会分工协作，努力完成自己的任务：
- 提供具体的目标和任务
- 重点关注不愿参与分工，不能坚持完成任务的幼儿，并进行个别支持

### 案例
**大班综合探究活动**

## 牙 齿

在第二次探索结束后的合作分享环节，毛毛情绪激动地表示他不愿意参加"牙齿"探索活动了，教师在一步步地与毛毛交流后，发现他不愿意当他们小组的发言人，她说自己不想参与说话。教师在进一步的沟通中发现了毛毛的担心："我讲得不好"，教师鼓励他道："这是你第一次担任发言人，第一次做事总会有点担心的，但是没有关系，我们可以练习。"于是，这一次的发言暂时让踊跃举手的嘟嘟担任，教师给毛毛布置了一个任务——在讨论时大胆地举手发言，在下一次的分组讨论环节中担任发言人。在教师一步步的

支持下，毛毛做到了。

小小发言人

帮助幼儿学会接受同伴的指导和帮助：
• 引导幼儿共同商讨解决问题的方法，并能根据自己的需要选择合适的方法

### 案例

**中班综合探究活动**

桥

孩子们在了解完桥的基本结构特征后，在建构区自主学习时间以小组的形式探索桥的基本构造与功能，尝试学习不同的建构方法。在建构上桥与下桥的出入口时，孩子们之间出现了不同的意见，以小志为代表的一组孩子认为应该在桥面上开一个口子，下面垫木板做出入口；以苗苗为代表的另一组孩子认为不应该在桥面上开一个口子，如果这样的话，桥就断了。于是，教师和孩子们一起搜集了一些图片，并相互分享，让孩子们在观察与讨论中自己发现并建构知识。

**帮助幼儿尝试做一个小领导者，并分解任务**
• 组织小组进行讨论推荐，产生领导者。
• 帮助总结做小领导的方法，鼓励小领导的行为。

- 经常为幼儿进行分工的建议和示范。
- 开展如何分工的讨论，或者和幼儿一起设计相关表格，帮助幼儿理解。

幼儿在与同伴合作的过程中经常会遇到各种问题和分歧，教师抓住教育契机鼓励幼儿尝试和同伴一起交流，共同寻找解决问题的方法，在探究活动的过程中逐渐形成乐于学习、善于合作等良好的学习品质。

### 案例
**中班综合探究活动**

## 蛋 的 故 事

通过团讨，孩子们根据已有经验得出，蛋可以做美食，如番茄炒蛋、鸡蛋饼。我们从孩子们的已有经验入手，鼓励他们做番茄炒蛋和鸡蛋饼。而此时新的问题产生了，该如何打鸡蛋呢？孩子们拿着鸡蛋无从下手，我们把问题抛给孩子们，鼓励他们大胆探索打鸡蛋的方法，最终每个孩子打鸡蛋的方法都有所不同。

对于成功完成了打鸡蛋的孩子，教师邀请他们说一说自己的方法，并将孩子们介绍的方法用画图和文字的方法进行记录、保存，然后把它们张贴在生活区，所有的孩子们都可以参考。

幼儿自主探索

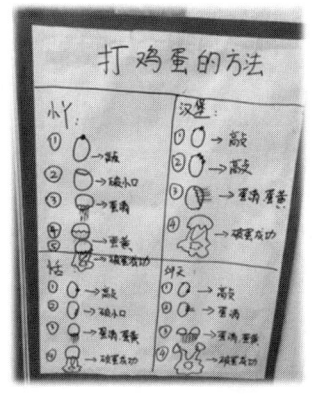

打鸡蛋的方法

### 帮助幼儿描述物体、事件和关系
- 提供和创造幼儿表达的机会

- 通过记日记及周记提高幼儿的表达能力

### 帮助幼儿认真倾听他人的表达
- 创造安静、有利于专注学习的环境
- 提供有趣的经验和幼儿分享
- 及时鼓励幼儿良好的倾听行为

在综合探究活动中，教师为幼儿提供多样的、有趣的活动，让幼儿在亲身参与的过程中得到口语表达、平衡能力、人际交往、自信等各方面的发展，也让他们观察与学习同伴的经验。

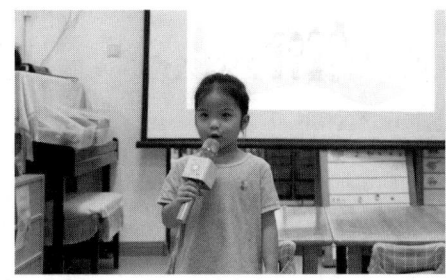

唱歌

戏剧表演

### 帮助幼儿评价自己和他人的学习表现
- 开展感恩活动，引导幼儿相互欣赏对方的优点
- 在回顾环节让幼儿表述进区的经验，并评价自己的表现
- 通过故事，理解每个人都有优点和不足，并接纳自己的特点

### 帮助幼儿使用多种交往策略与同伴交往，如共赢、协调、退让、轮流
- 开展多样的角色游戏、体育游戏等让幼儿学会多种交往策略
- 在幼儿发生纠纷时坚持正面引导
- 培养共赢思维，鼓励孩子做有益于双方的事情

### 帮助幼儿学习遵守团队的规则
- 让幼儿参与创设团队规则制定

- 提供机会让幼儿参与规则游戏

### 帮助幼儿在遇到挫折时自我调节情绪
- 创设私密角，调节不良情绪
- 接纳幼儿的情绪，提出调整情绪的建议，如听音乐、深呼吸等

### 帮助幼儿懂得接受学习中的角色转换
- 让幼儿明白角色的重要性
- 注意角色分配的合理性

## 6. 示范引领策略

在探索发现的过程中，教师要有意识地引导幼儿思维能力的发展，通过亲身示范、引导等方式，让幼儿提升自身的探索能力。

### 教师引导幼儿在活动中进行观察

观察是一种有目的、有计划的视觉知觉过程，幼儿期是观察力初步形成和发展的时期，主要体现为随着年龄的增长，幼儿观察的目的性增强、观察的持续时间延长、观察的细致性增加、观察的概括性提高、观察越来越有方法等。

为了在探究过程中提升幼儿的观察记录能力，教师可以采取以下做法。

- 创造一个宽松的、自由的、轻松的环境氛围，并创造条件鼓励幼儿多看、多说。
- 为幼儿提供充分的观察材料和观察时间，在过程中不打断、不催促。
- 观察前，引导幼儿有目的地观察，共同研讨或确立观察的目的和任务。
- 观察中，给幼儿具体的观察指导，教会幼儿观察的方法：如从左到右、从上到下、从大到小、从整体到局部等，观察记录表的设计也可以遵循这样的原则。
- 观察中，关注幼儿的观察过程，必要时提出关键问题引导幼儿进一步观察。

- 观察中，幼儿尝试用多种形式记录自己的发现。如绘画、符号、涂鸦、剪贴等。有条件的情况下，学习用相机或摄像机记录自己的发现。
- 观察中，尝试对相似或同类的两个观察对象进行比较观察，提升思维能力。
- 观察后，引导幼儿总结观察的经验。

### 7.协商建议策略

随着年龄的增长，幼儿的社会性愈加明显。人际交往和社会适应是幼儿社会性学习的主要内容，也是其基本途径。而协商是人在社会生活中通过语言交流协调彼此关系，达到共同相处的目的，获取共同成果而进行的语言活动。在探索发现的过程中，教师要有意识地引导幼儿协商以促进思维能力的发展，通过亲身示范、引导等方式，让幼儿提升自身的探索能力。

**案例**

**中班综合探究活动**

秘密花园的泥巴

一天，孩子们在泥池玩得正起劲儿，教师发现灵一站在泥池中央，皱着眉头望着泥巴狂欢区的墙面，若有所思地说道："官叔叔和唐伯伯看到这个墙弄脏了会生气吧。"

其他孩子并没有发现她的顾虑，还是自顾自地玩着泥巴，泥巴时不时地飞向墙面。教师观察到灵一停下自己的玩泥游戏，一直望着已经被泥巴弄脏的墙面。通过这些现象，教师认为灵一是在担心因为小朋友玩泥给幼儿园后勤叔叔阿姨增加了搞卫生的难度，教师该如何支持灵一解决这个问题呢？怎样在不给后勤叔叔阿姨添麻烦的情况下，又能让孩子们尽情地在泥巴区探索呢？

教师组织孩子们进行了谈论。

祺祺：我们可以用布把它擦干净。

小烨：可以用水洗干净。

贝贝：用纸擦干净也可以呀。

灵一：那样墙还是脏的。

教师：如果你们还是想继续玩这个游戏，还有其他办法吗？

呈呈：或者我们可以问一下官叔叔，看看我们是不是可以这样玩。

浩浩：对呀，如果他们同意，我们就可以在上面打泥巴仗了。

通过自愿民主的方式，贝贝、呈呈、祺祺、思琪、灵一、然然、小石头、浩浩、小烨成立了采访小分队。在采访前，他们分工合作，由贝贝和呈呈设计打泥巴仗的图纸，祺祺、思琪、灵一、然然、小石头、浩浩、小烨准备好采访需要的材料，讨论需要采访的人。

采访园长、行政老师、后勤老师时，孩子们向他们说明情况，征得了他们的同意，园内教师们都支持孩子们的想法，并对他们的共情能力表示赞赏。

孩子们玩泥巴游戏

表2-6 教师的分析和反思情况

| 教师看到/教师听到 | 孩子可能的感受 | 教师的做法 | 孩子的反应 | 教师的反思 |
|---|---|---|---|---|
| 灵一站在泥池中央，皱着眉头望着泥巴狂欢区的墙面，若有所思地说："官叔叔和唐伯伯看到这个墙弄脏了会生气吧。" | 看到墙面被泥巴弄脏，担心后勤叔叔阿姨因为卫生的原因而生气 | 观察她接下来的行为，是停止玩泥，还是继续玩泥 | 停下自己的玩泥游戏，眼睛一直看着被泥巴弄脏的墙面 | 灵一既想继续玩泥，又担心弄脏墙面，她不能阻止其他孩子继续弄脏墙面，我能为此做点什么 |

续表

| 教师看到/教师听到 | 孩子可能的感受 | 教师的做法 | 孩子的反应 | 教师的反思 |
|---|---|---|---|---|
| 当我提出去问一问官叔叔和唐伯伯对这件事情的想法时，灵一原本严肃的表情一下子舒展开来，笑着说："好呀，好呀。" | 我喜欢老师的建议，我可能有办法解决这个难题 | 请灵一组织自愿参与采访小分队的孩子一起为接下来的采访做准备 | 灵一和六个孩子一起制作了采访问卷，内容包括：①看到墙面上的泥巴是什么心情？②是否同意我们用墙面玩打泥巴仗的想法。查看墙面设计图后，请在同意或不同意的位置签名 | 支持孩子根据自己的想法解决"在墙面玩打泥巴仗"这件事，引导孩子表达自己的真实想法和感受，鼓励孩子与幼儿园不同部门的成人进行沟通交流 |
| 在四楼找到了唐伯伯、陈阿姨、黄阿姨和官叔叔，贝贝是第一个主动拿着设计图跟他们进行沟通的孩子 | 其他几个孩子主动沟通交流的意愿不强，在一旁当听众，当听到"同意"两个字时，便开心地递上手里的笔，请对方签名 | 尊重孩子的节奏，协助孩子根据自己的兴趣或能力进行分工。如，介绍设计图、询问是否同意、递上签字笔、当小摄影师等 | 孩子们按照自己的意愿进行分工，在各自的岗位上完成自己的工作 | 孩子们在教师的引导下进行分工，孩子们之间的合作和互动能更好地提高他们的社会交往能力 |
| 当采访到唐伯伯和官叔叔时，他们表示看到弄脏的墙面很难过，卫生很难搞，孩子们说："我们一会儿就去跟园长申请这面墙专门用来打泥巴仗，不用搞卫生。" | 听到唐伯伯和官叔叔因为墙面弄脏的事情而难过时，孩子们有内疚的感觉，尤其是灵一 | 我对孩子们说："那我们现在就去找教研室老师和园长们，向她们提出你们的想法和建议，争取她们的同意，好吗？" | 带着手里的采访表和设计图，孩子们欢呼着来到二楼的教研室和一楼的园长办公室 | 加深了孩子对教师和幼儿园的信任，架起了孩子与教研室老师们和园长们之间的互动桥梁，支持孩子与不同的成人进行沟通交流 |

续表

| 教师看到/教师听到 | 孩子可能的感受 | 教师的做法 | 孩子的反应 | 教师的反思 |
|---|---|---|---|---|
| 教研室老师们和园长们看到孩子们的设计图和想法，表示很开心，赞同和支持孩子们的想法，在同意处签上了姓名 | 我们成功地解决了打泥巴仗这个问题，我们是幼儿园的主人，我们以后更愿意通过沟通和交流的方式来解决问题 | 开心地给孩子们拍照做记录，并提醒他们可以把这个好消息告诉后勤叔叔阿姨们和小伙伴们 | 孩子们带着这个好消息回到班级，跟全班孩子分享，告诉他们以后可以在泥巴狂欢区打泥巴仗了 | 创造和提供更多孩子与幼儿园或社会不同的人沟通交流的机会，搭建不同的互动渠道，为孩子们的成长助力 |

美国著名心理学家加德纳指出，协商能力是人际智能的核心要素之一。协商行为在幼儿探究活动中体现，在活动过程中，幼儿提出各种请求，互相协商、讨论，共同解决问题。协商策略的使用成为幼儿协商能力发展的关键点。

## 三、经验分享环节

经验分享环节是幼儿在探索之后的表达，集中体现了幼儿在探索过程中的收获、成长。通过分享，幼儿能够将自己的发现再进行梳理，并将自己的发现分享给更多的同伴，实现分享价值的最大化。在经验分享环节，教师的角色应该是积极的倾听者、忠实的记录者，同时也需要是追问者、启发者和组织者，有效地引发幼儿的思考，同时通过合理的组织形式让幼儿之间能够充分交流合作。

### （一）谈话组织

在经验分享环节，教师需要有效地组织幼儿进行经验的梳理和分享。主要目的是希望幼儿能够充分表达自己在探索环节的收获以及问题。只有有效的组织才能够为幼儿创设充分表达的环境，使幼儿想说、敢说、会说。分享的内容可以围绕调查表展开，但是不拘泥于此，教师应通过谈话分享了解更多的信息。

### 📖 谈话组织策略

- 坐在与幼儿视线平行的位置谈话
- 准备一张展板放在一旁，用来张贴幼儿的调查表或海报
- 可以先让幼儿互相交流，再开始谈话
- 鼓励幼儿之间相互询问
- 记录每名幼儿说的内容

### 📖 教师可以采取的句式

- 我想……
- 我同意……
- 我不同意……
- 我想知道……
- 我喜欢……
- 我不喜欢……
- 我想象着应该是……

## （二）经验整合与提升

在经验分享环节，教师要着重促进幼儿思维能力的提升与发展。思维能力包括以下内容：提问或想知道、调查或分析、判断与决策、比较、分类与归类、记忆与回忆、推理或得出结论、预测、计划、组织与安排、发现和解决问题、扩展或转换视角、概括与总结、评估与评价、练习与实践、归纳与一般化、想象、精细化。实际上，这样的思维发展在综合探究的每一个环节都能够被充分地体现，特别是在经验分享环节，教师要在这一方面进行重点深入。在经验整合与提升环节，教师通过提问促进幼儿以下思维能力的发展。

- 记忆与回忆：如，在探索的过程中，你看到了什么样的现象？你有什么发现？
- 概括与总结：如，你在哪些地方能够观察到？这些地方都有什么特点？
- 评估与评价：如，你认为在探究的过程中自己有什么收获？
- 精细化：如，你还观察到什么可能是其他人没有关注到的呢？

## （三）支持幼儿多元表征

在经验分享环节，除了幼儿的语言表达，多种多样的表征形式也能够充分展现幼儿在探索过程中的收获。教师需要思考如何能够长时间保持幼儿的兴趣，让班级充满与主题相关的氛围。

### 丰富环境，让学习看得见
- 在显眼的地方，要有探究的名称
- 提供让每名幼儿展示调查结果的地方
- 有大块的展板展示幼儿的谈话和讨论的结果
- 提供地面、桌面、墙面、空中等不同的地点，展示幼儿收集的资源

### 集体创作，让探究渗入生活
- 教师可组织一些大型的集体创作活动，让幼儿在过渡与生活环节能够自由地进行操作，让探究自然地贯穿、延伸

### 投放材料与支持幼儿的操作
- 在区域中投放相应的材料
- 设置游戏专区或探究专区，给幼儿提供应用经验的机会。如，在探究活动"银行"中，设置班级银行；在探究活动"我要上小学"中，设置小学专区等

## 案例

**大班综合探究活动**

### 我 的 姓 名

班级开展了"我的姓名"综合探究活动一段时间后，班上的孩子们通过"找姓名""拆姓名""统计姓氏"等活动对自己的姓名、班级小朋友的姓名有了一定的了解。

班级教师为了给孩子们提供充分应用经验的环境与机会，在班级区域的桌面上铺上了大白纸，准备了笔，发放了名字卡，创设了前书写区，孩子们

可以利用自由活动，甚至是喝水、盥洗等零碎的时间在桌面的大白纸上抄写自己的名字，减少了过渡环节的消极等待。在写自己名字的同时，他们也学会了写同伴的名字，进行幼幼互动，相互学习。

一段时间后，孩子们发现大白纸很快就写满了，经常更换很不方便，而且换下来的纸也不是很好保存，于是孩子们和教师共同商议，给每个孩子都添置了可擦的小白板。

  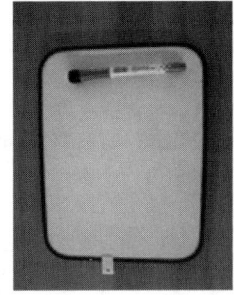 

大白纸上书写名字　　　　　　　　　提供小白板方便书写

表征是幼儿思维的主要载体，是想象力发展的基础，幼儿的表征是幼儿通过动作、图像、语言、符号表达感受、经验、思想和情感，是其思维内化的过程。在探究活动的经验分享环节，透过幼儿的表征，教师能更好地认识幼儿、理解幼儿、读懂幼儿。

## 第三节　探究总结期的师幼互动策略

探究总结期是综合探究的最后的展示环节，是幼儿在综合探究活动中学习与收获的集中体现，教师创设环境和条件，让幼儿充分表达和展示在综合探究活动中的收获，实现经验的传播及辐射。展示环节之后，教师对综合探究活动开展的过程进行复盘，总结与反思，以寻找改进和提升的空间。这是展示幼儿综合探究活动收获的高潮环节。通过组织集体性的展示活动，使幼儿回顾学习过程，应用综合探究活动经验，从而对自己的学习产生自豪感。

同时，教师也应对整个活动进行复盘，主要包括对幼儿获得的经验的总结，活动成效的自评，以及对下次活动的建议等。

## 一、幼儿展示环节

幼儿展示环节，教师应充分尊重幼儿的展示需求，支持幼儿开展多样化的展示活动，将探究过程中的收获和经验辐射给更多的幼儿、班级等。

教师可以从以下几个方面支持幼儿分享展示。

• 在调查了幼儿的意见后，组织或支持幼儿开展集体性的展示活动。如，××博物馆、作品展、童话剧、亲子活动等，设计不同形式的展示方式。如，大班可以组织一场知识竞赛，展示对"星球"项目的探索；中班可以组织一场小型会演，展示他们对深圳这座城市的探索，用一场义卖活动结束对钱币的探索，等等。

• 激发幼儿学习的自豪感。

• 帮助幼儿梳理学习经验。如，教师制作探究过程的视频，与幼儿一起观看。

 **案例**

**大班综合探究活动**

### 垃圾分类我知道

随着《深圳市生活垃圾分类管理条例》的颁布，垃圾分类已成为全民活动。大班的"垃圾分类我知道"就是将回收牛奶盒作为切入点，开展的一系列有关环境保护的探究活动。

当幼儿积累了一定的探索经验后，便想要向外传递自己的收获，我们以"环保回收，全民行动"为主题进行宣传活动，从幼儿园到家庭，从环保宣讲到环保作品展等，倡导环保，传递理念。

**展示活动一："一个作品展"废旧利用走进全园**

玉颜：老师，可以给我两个牛奶盒吗？我回家想做一个花篮。

芊雅：老师，我用纸和用过的一次性水杯做了一只大鲨鱼。

壮壮：我把喝过的饮料瓶洗干净，可以做一艘航空母舰。

允宸：家里还有花生壳，也可以做手工。

（户外活动）

梓晴：老师，我捡了好多树叶，拿回班级吧。

莞儿：可以放到美工区做手工。

壮壮：老师，你看这片树叶像一只大鲸鲨，这是头，这是尾巴。

越来越多的孩子加入捡树叶大军……

在美工区、户外活动、餐后自由绘画活动中，每天都有各种关于废旧材料再利用的话题。由于作品越来越多，孩子们分享展示的愿望也越来越大。基于孩子们的兴趣与创作愿望，教师的回应与支持就是帮助他们获得体验后的满足与想法的实现。教师引导孩子们回家向家长发起倡议，一场变废为宝、废旧利用的亲子作品展由此诞生。孩子们向同伴介绍自己的作品，向弟弟妹妹分享创作的来源与方法，和同伴互相交流创作内容，画面和谐，场面精彩。

**展示活动二："一份海报"倡议邀请走近年级**

在班级探索过程中，孩子们对自己每天喝剩的牛奶盒进行收纳时发现平面的"十字回收"最为便捷也最节省空间。通过动手实践，孩子们每天都能自己进行牛奶盒的清理、晾晒、打包、收纳。孩子们想知道，其他班级的孩子们也像他们一样收纳牛奶盒吗。

教师：有的小朋友提出，其他班的小朋友也像我们一样回收牛奶盒吗？他们也有好方法吗？你们觉得呢？

花生：我猜他们也可以做到。

恩霆：我不知道呀。

教师：那怎样才能知道呢？

丁丁：我们去看看其他班有没有回收就知道啦。

豆豆：我们可以问他们的老师。

教师：你们准备问什么问题呢？

恩庭：我要问"你们班上有没有喝牛奶？你们回收牛奶盒吗？"

贝贝：你们洗牛奶盒吗？

芊雅：你们是怎么回收牛奶盒的？

洋洋：你们用牛奶盒做手工吗？

教师：带着问题，我们去采访一下小中大班的老师和小朋友们吧。

利用户外活动时间、午点时间，教师和孩子们一起到各个班级，采访他们有关"牛奶盒回收"的情况。通过参访与调查，孩子们了解到许多班级并没有清洗回收牛奶盒的习惯。于是，他们向小中大班分别发出邀请，希望大家加入清洗回收牛奶盒的行动中来，并根据不同的年级，提出不同的倡议：小班年龄小，需要做到环保不浪费；中班做到清洗回收；大班做到回收再利用。

孩子们设计了海报并张贴在各个楼层，将大一班的方法分享给全园的孩子们，邀请他们加入垃圾分类的环保行动中来。大一班垃圾分类的环保行动就此拉开了序幕。除了张贴海报以外，孩子们还积极练习宣讲，总结自己做的环保活动，并分享给其他班的孩子。

怎样才能更深入地进行宣传，让更多的人加入大一班的环保活动中来？孩子们带着流程图回家，又开始做起了小小宣讲员。

**展示活动三："一个亲子宣传"环保走进社区和家庭**

教师：现在，幼儿园的小朋友都能看到我们的倡议邀请，你们的家人、朋友知道大一班做的有关垃圾分类的环保活动吗？

兹兹：我妈妈知道。

玉颜：我们全家都知道了。

教师：怎样才能让更多的人知道呢？怎样才能让他们也加入垃圾分类的环保活动中来呢？

花生：我可以告诉我的爷爷、奶奶、姥爷、姥姥。

微微：我可以在我们家楼下宣传。

泽航：我可以告诉我的朋友。

烨如：我和花生住在一个小区，我们可以一起去宣传。

皓宇：我可以画海报。

教师：让我们一起行动起来吧。

为了支持孩子们的宣传工作，教师提供了"垃圾分类投放指引图""清洗回收牛奶盒流程图"。孩子们利用指引图和流程图以及自己家里的分类垃圾桶，在家里、小区做起了小小宣讲员。有的人在家宣讲流程图，让家人一起遵守与执行；有的把宣讲的事情写在幸福日记中，家长对我们的"垃圾分类我知道"活动都给予了支持。

**展示活动四："一场宣讲"环保走进教师教工会**

在区域活动时间，教师和孩子们共同制作宣传海报，从文字到图片，孩子们都积极参与。教师和孩子们还一起回顾了我们的综合探究活动，并制作成课件，为环保宣讲做准备。

孩子们积极参与、准备宣讲活动，他们利用宣讲海报和课件主动在班级、年级以及小剧场进行宣讲练习。家长也支持我们的活动，与孩子在家练习宣讲。根据孩子们的综合表现，我们最终选出了两个孩子代表大一班，在教师教工会上进行我们的"垃圾分类我知道"综合探究活动宣讲，让教师们也加入环保活动中来。

无论在班级、年级还是小剧场，大部分孩子们都大方自信，积极主动地进行宣讲。在这一刻，教师需要做的就是放手与欣赏，陪伴与信任，看着孩子们自信阳光，获得成功体验的那一瞬间，就是最好的学习、最棒的展示。

### 在展示环节中，教师可以使用以下策略

- 积极欣赏策略。

欣赏并展示幼儿每个小小的成果，如，调查表、操作过程的照片、收集来的资料等。

可以由幼儿自己决定以哪些内容为自己的展示重点。

和幼儿一起为他的每个成果制作标签。

鼓励幼儿主动为家长或他人介绍自己的展示。

- 作品陈列策略。

分类陈列，并用显眼的标志分隔区域。

平面展示的时候，用辅助的材料（如积木）使作品高低错落。

要疏密有致。

善用墙面、桌面、地面、上空等多维度的空间。

策划的方案要和幼儿沟通，听取幼儿提出的改善意见。
让家长和幼儿在展示活动中承担不同的角色。

• 广而告之策略。
提前告知家长，邀请家长在规定的时间到园观摩。
在幼儿园里张贴海报，邀请其他班级前来观摩。
尽量让更多人知道信息并参加观摩，使幼儿体验成功的喜悦。

## 二、教师反思环节

一个活动的结束并不代表探究的结束，教师在总结期需要对活动进行整体的回顾和反思，以便更好地开展下一次活动，为更好地与幼儿进行互动积累有效的经验。

### 教师可以从以下几个方面入手进行反思

• 根据模板将资料进行整理分类。
用专门的档案夹收集综合探究活动的各种资料，通常一个主题放在一个档案夹里，囊括所有活动开展的过程性材料，包括活动开展的可行性分析、活动开展过程中的周计划、行动方案等。同时，教师还可以将整个探究过程整理为综合探究册，方便主题的积累与宣传。
档案前面附有详细的目录，方便查阅。

• 使用过的材料要留下样本，以便将来参考使用。

• 实物和电子文件同时收集保存。
除此之外，教师要进行反思提升。

• 对照综合探究活动开展策略，以班级会议的方式讨论该项目实施过程中的成功经验与不足。

• 写下将来需要改进的方向。

• 定期开展综合探究的交流活动，促进同事之间的沟通与反思。

# 第三章 区域游戏活动中的师幼互动

区域游戏是指教师根据幼儿的年龄特点，将室内外的空间科学合理地划分为不同的区域，为幼儿提供适宜的材料，让幼儿自主选择、探索，并在活动区中通过与材料、环境、同伴的充分互动而获得学习与发展的学习活动，贯穿在一日生活之中，是幼儿自主学习的主要方式。

"三人行"课程中的区域游戏经过多年的探索与实践，形成了具有我园特色的区域活动师幼互动策略方法论，从区域创建、材料投放、同伴互动到区域游戏中的有效支持策略，真正做到让幼儿自主选择、自由探索、提升发展。

## 第一节　区域创建中的师幼互动策略

区域环境的创建要满足幼儿不同活动的需求，能灵活调整和轮流设置不同的区域，支持幼儿的自主探索、同伴交往等。在区域创建的过程当中，应当考虑教师、幼儿共同参与，倡导持续循环的概念，在探究活动中通过主题的延展来促进区域的创建，将区域创建作为促进师幼互动的一个契机，实现教育价值。

### 一、共同参与、持续循环

在室内外区域的创建过程中，始终要坚持幼儿是环境的主要使用者的理念，因此，了解他们对环境的需求、感受、期待尤为重要。教师为幼儿提供能够真实感受、提出想法、共同参与的机会，并持续观察幼儿在区域创建过程中的情况，及时进行讨论，通过头脑风暴的方法，寻找适宜的解决方案，让每名幼儿都能成为区域创建的主人，打造幼儿所需的，能促进其发展的环境。

 **案例**

**中班拼图迷宫区的创设**

嘉嘉从家里带来一本奥特曼迷宫书，这本书特别受班级孩子的欢迎，只要一有空他们就会争着抢着去看那本书，即使是翻看到散架也依旧爱不释手,同时区域里的拼图玩具也人气很高。

浩轩:这个奥特曼迷宫怎么走呀?

嘉嘉:从入口开始走,一直走到出口就成功了。

浩轩:这个迷宫好有意思啊!

图图:耶,拼图完成!

小浚:我也要玩,可以借我玩玩吗?

田田:我也要试试。

拼图材料

孩子探索的场景

**策略一:共同参与,收集材料。**

看到孩子们的兴趣,教师请孩子们和家长一起收集拼图、迷宫的相关材料并利用区域时间把收集的玩具进行分类整理,为孩子们的后续探索做好准备。

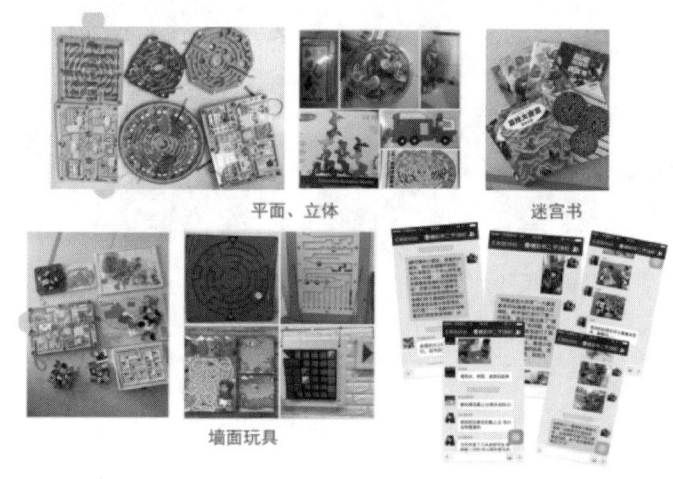

收集的材料

**策略二：提供体验，支持想法。**

经过45分钟的探索，孩子们对材料有了基本的感知，纷纷表达自己在探索中遇到的问题。

*活动实录一：*

小花：迷宫有点难。

金蛋：很挤，人太多了！

小辣椒：拼图好难！

攸攸：拼图有平面的也有立体的。

由由：很挤。

迪迪：有点难，但我挑战成功了！

*活动实录二：*

教师引导孩子对"空间有点挤""有些拼图太难了"这两个问题进行了头脑风暴。

毛毛：我们可以分流，不要所有人都进去玩。

小浚：分开玩。

蔓蔓：可以调整区域。

牛牛：我知道，可以轮流玩。

 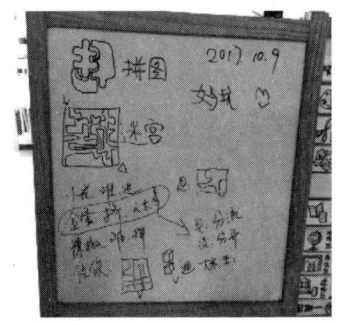

进行拼图区讨论　　　　　　　　　空间有点拥挤

问题聚焦：

1. 拼图有分类，平面与立体——进行分类摆放

2. 区域空间拥挤——进行区域调整

3. 拼图迷宫有点难——进行材料的分层

在第一次的探索中，孩子通过亲身体验感受到区域场地的现状，在讨论的过程中，提出玩的时候空间有点拥挤。根据孩子们提出的问题，教师组织孩子们就如何解决场地拥挤的问题进行讨论。

通过讨论，教师和孩子们共同对区域进行了第一次调整，合并原来的两个区，建立一个大的拼图区，并根据拼图的种类分成平面拼图区和立体拼图区，还另设了一个迷宫区。同时，教师以海报的形式帮助孩子们梳理之前一起打造区域的想法和经验。

 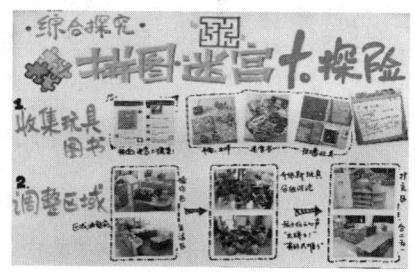

区域调整示意图　　　　　　　　利用海报提升经验

**策略三：定期沟通，持续完善**

随着孩子们对迷宫拼图的兴趣越来越浓厚，在区域进行多次后，教师和孩子们再次就拼图迷宫区域的设置进行了讨论，了解孩子们遇到的问题。

潇潇：迷宫区的珠子经常会掉在地上。

想想：珠子滚的到处都是。

小清：柜子里好多拼图都不怎么能看到，太多了。

小花：拼图好多，拿的时候很不方便。

教师：柜子里装盒的拼图，孩子们很少去玩，取放、操作起来都不方便。

讨论盒子里的珠子变少的原因　　　　珠子怎么不见了

根据孩子们提出的问题,教师和孩子们一起进行了第二次区域调整,将柜子里的拼图摆在柜面上供孩子们随时玩,也可利用碎片时间(过渡时间或者自由时间)进行再次拼搭,在墙面上也增添了立体拼图,并充分利用地面空间,将原来的桌面迷宫游戏转移到地面上,便于孩子们搭建时造型的向外延伸,以及整理收纳。

柜面上设置我敢挑战平台

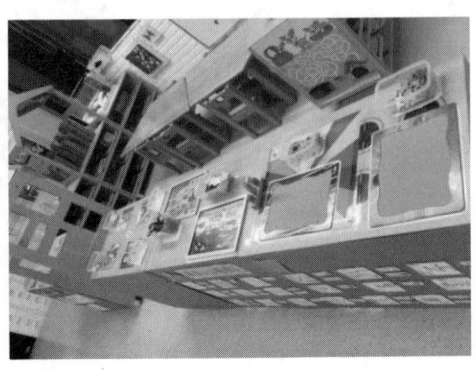
墙面上增设立体拼图

调整后的迷宫区

迷宫区以地面游戏为主

随着游戏的推进,出现了玩具混淆的问题,该怎么解决呢?孩子们说要做标记,但不会写字,标记该怎么做呢?

乐乐:可以用颜色来表示,这个材料可以用棕色和黄色来代替。

田田:那个材料可以用五颜六色来代替。

一涵:这个材料一个大一个小。

设计与制作标识

调整后的区域标识

在区域创建的过程中教师的角色既是环境创设的主要构思者，又是环境调整的主要执行者，在环境创设与调整的过程中，变与不变的思考主要来源于对孩子真实体验的观察、考量，寻找能支持孩子进一步成长的契合点，通过环境的调整来促进孩子不断思考与挑战，这样的环境才是属于孩子的真环境。

## 二、主题延展、把握契机

区域的创建可以与综合探究活动密切联系，我们可以从区域活动中生发综合探究活动，也可以由综合探究活动促进区域的创建，我们可以通过下面这个案例来看看如何通过综合探究活动生发出区域的创建，在过程中幼儿、教师与家长，幼儿园、家庭和社区的相互联动。

## 案例

**中班主题活动**

### 职业大咖秀

"职业大咖秀"的综合探究活动来自一场晨会,孩子们在"职业大咖秀"晨会结束后,就在教室里开始谈论。

和:那个医生是我妈妈演的。

图:我妈妈演清洁工人。

桓:我爸爸演的是警察。

霖:我妈妈演交警,我长大了也要当交警。

宝:我是快乐舞台的演员,我要当演员。

……

孩子们激烈的讨论引起了教师的关注,看来孩子们对职业,对爸爸妈妈扮演的职业有强烈的兴趣。

于是,教师向孩子们提出这样一个问题:你们了解这么多职业,那你们知道幼儿园里有哪些职业吗?

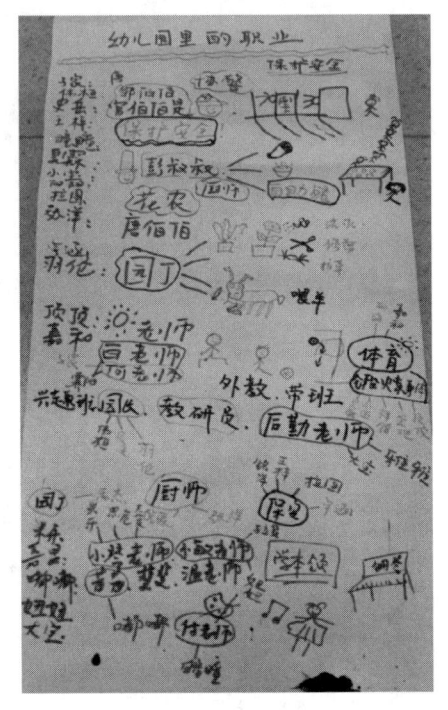

幼儿园里的职业

孩子们就七嘴八舌地说:"我们知道哪些老师?保安室的官伯伯,厨房的彭叔叔,养羊种花的唐伯伯,上体能课的阳光老师。幼儿园里不但有女老师,还有男老师,白老师、何老师都是男老师。有些老师要带班,有的老师不用带班,专门给我们发园服,如后勤室的邓老师、林老师,教研室的曾老师、秦老师等。"

孩子们分享了自己的已有经验,并和教师把这个过程做了记录,然后提出了新的问题,引发了孩子们对职业的进一步探索。

"幼儿园的老师有这么多不同的分工,那么他们是怎么上班,又是做什么工作的呢?"

为了让孩子们更真实地知道这些不同职位的工作人员在工作时间都做些什么,在团讨之后,教师组织开展了"跟岗调查"活动。根据孩子们想要调查的工作分批进行了跟岗一小时和采访调查活动。

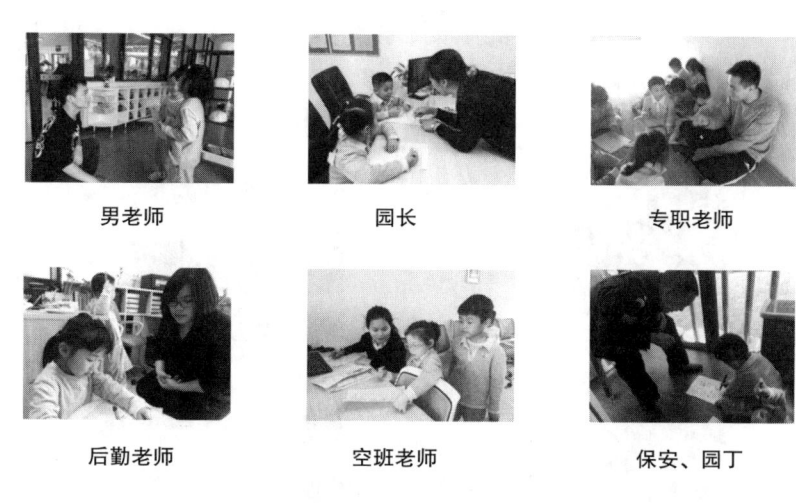

采访幼儿园工作人员

采访结束后,教师引导幼儿借助调查表进行分享交流活动。在交流分享中,教师将孩子们调查的结果通过这样的形式呈现出来,然后让他们把自己调查到的每一位教师的工作时间和地点分享给同伴。

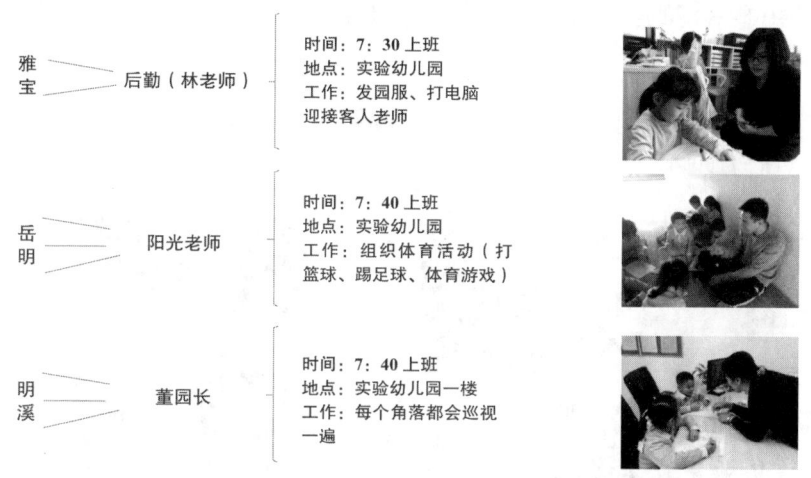

幼儿园工作人员的工作时间、地点和内容

根据孩子们的调查和表达，他们提出了一个新的问题，引发了新一轮的探究："幼儿园老师们的工作都不相同，那爸爸、妈妈的工作又是什么呢？"

孩子们知道爸爸妈妈每天都上班，可是他们上班都做什么，怎么做的，孩子们不太了解，于是在家长的配合下，开展了"跟着爸爸妈妈去上班"的活动，孩子们通过这个活动走进爸爸妈妈的办公地点，去了解父母的工作。

幼儿体验工作　　　　　　　家长朋友圈分享

当孩子们分享自己到爸爸妈妈工作场所的经历后，有孩子问："为什么我不能跟着爸爸妈妈去上班？"

原来有些孩子的爸爸妈妈从事的是特殊工种，这就引起了孩子们对特殊工种的兴趣，于是在家长的支持下，全班孩子进行了一次探秘军营，了解特殊职业的活动。在这个活动后，他们还分成不同的小组，到不同的社会场所去体验不同的职业。

幼儿军营体验　　　　　　　幼儿体验不同职业

回来之后,他们决定把自己在社会体验中获得的经验,通过打造区域的方式,让生活中的场景在幼儿园里再现出来,这也是综合探究活动中的一种展示形式。

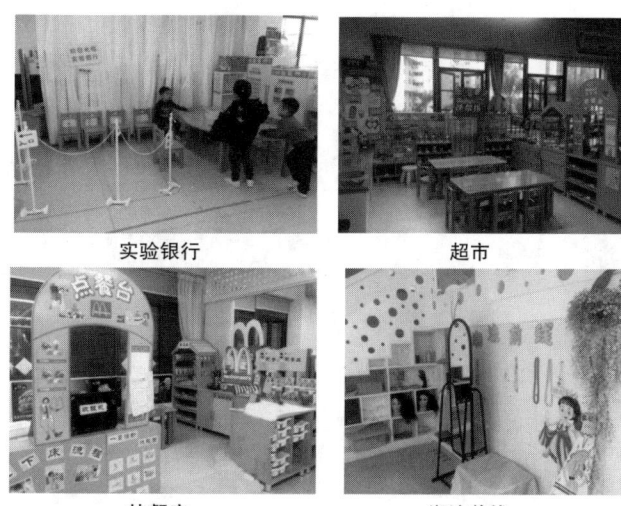

实验银行　　　　　　　　超市

快餐店　　　　　　　　潮流前线

**幼儿园区域创设**

最后,孩子和教师们一起进行了"我是大咖"的职业服装T台秀,孩子们把自己感兴趣的职业的服装,通过自己的方式在舞台上展现出来。

**幼儿职业服装T台秀**

在这个案例中，我们可以看到综合探究活动逐步推进的完整过程，呈现出教师通过提问、活动创设支持幼儿持续探索的过程。

从晨会的展示中发现孩子对职业的兴趣

↓

通过提问引发孩子思考身边的职业——幼儿园的职业

↓

通过孩子的讨论与表达，激发新的问题，进行幼儿园各岗位的跟岗

↓

通过跟岗孩子提出对爸爸妈妈的职业的好奇，进行"跟着爸爸妈妈去上班"

↓

在分享中有的孩子不能跟爸爸妈妈去上班，引发了对特殊职业的了解

↓

最终，孩子将已有经验通过区域环境的创设进行呈现与展示

在综合探究活动"职业大咖秀"中，教师通过直接提问或引发思考四个关键性问题。

问题1：你们了解这么多职业，那你们知道幼儿园里有哪些职业吗？

问题2：幼儿园的老师有这么多不同的分工，那么他们是怎么上班，又是做什么工作的呢？

问题3：幼儿园老师们的工作都不相同，那爸爸、妈妈的工作又是什么呢？

问题4：为什么我不能跟着爸爸妈妈去上班？

教师敏锐地为孩子们提供或倡导了三次体验活动，让他们通过真实体验、直接感受解决自己的问题，获得了宝贵的直接经验。

体验1：幼儿园跟岗一小时

体验2：跟着爸爸妈妈去上班

体验3：社会职业大体验

体验4：打造班级角色区域

整个探究活动的推进过程也是师幼互动过程的呈现，通过教师的提问、体验活动的开展让幼儿在直接感知、亲身体验、实际操作中积累关于职业角色的理解，进而在班级区域创建的过程中对区域的打造、区域材料的投放、区域规则的制定表达自己的想法，与教师共同创造属于自己的角色游戏小天地。

## 第二节　材料投放的师幼互动策略

材料的投放是另一种师幼互动的体现。区域材料的投放要适应幼儿的年龄和兴趣，幼儿的年龄和发展水平会影响他们对材料的认知和使用，教师在选择和投放材料时应该考虑幼儿的身体特点、生理需求和认知能力，选择与幼儿年龄和发展水平相适应的材料。教师如何使投放的材料契合幼儿的发展呢？最重要的就是通过日常教学活动在师幼互动中准确捕捉幼儿的兴趣点、成长点，投放的材料隐含着教育目标，并根据幼儿的实际操作进行调整。

有了师幼共同参与创建的区域后，材料的投放能否促进幼儿的持续探索，满足不同层次的幼儿发展，这点至关重要。《幼儿园教育指导纲要（试行）》中指出，幼儿园的空间设施、活动材料和常规要求等应有利于引发、支持幼儿与周围环境之间积极的相互作用。材料作为区域活动的重要组成部分，能在最大程度上引起幼儿的探索兴趣。区域材料的投放也需要注意以下几点。

第一，区域材料的投放要具有适宜性。投放适宜的材料，是区域活动教育价值实现的重要基础，适宜主要体现在适宜幼儿的年龄特点、适宜幼儿当下的学习、适宜幼儿的发展需求等方面。

第二，区域材料的投放要具有层次性。幼儿园小中大班的幼儿处于不同的年龄阶段，其身心发展水平也不尽相同。因此，我们要根据不同年龄阶段的幼儿特征，投放不同层次的活动材料，同一份材料也要具有层次性，以满足不同能力层次幼儿的需要。

第三，区域材料的投放要具有延伸性。真正做到幼儿与材料的互动，投放的材料要具有延伸性、可转换性、持久性。材料本身就隐含着一定的教育目的及意义，幼儿通过材料延伸或拓展其他相关经验，促进幼儿深入学习。

在材料投放的过程中，幼儿参与活动后的体验和需求是材料调整的重要依据。通过持续追踪、无痕激发等形式来实现以材料为媒介的间接师幼互动。

## 一、持续追踪

材料投放后，不是一成不变的，而是要通过观察幼儿的使用情况，基于幼儿发展的需求，不断调整和完善。在调整材料时，需要注意的是当下幼儿发展的需要，支持幼儿最近发展区的成长。下文以木工坊为例。

### 案例

**木工坊的材料投放**

木工坊较适合在中大班开设。中大班孩子手眼协调能力逐步增强，手部精细动作处于快速发展的时期。根据他们的年龄特点，可将材料的投放分为以下四个阶段。

第一阶段：初识材料，技能提升（见表3-1）

第一阶段，孩子先要从学习工具的使用方法、练习各种工具的使用技巧开始，因此，投放的工具、材料的种类不宜过多。

工具：锯子、锉子、塑料锤子、桌虎钳。（从安全及孩子的接受程度考虑我们只投放了4种工具）

材料：木条、钉子、橡皮泥、轻黏土。

表3-1 木工区第一阶段工具表

| 工具 | 外观 | 特点描述 | 用途 | 经验小结 |
| --- | --- | --- | --- | --- |
| 锯子 |  | 塑料手柄，锯齿可更换 | 用于直线截锯工作 | 1. 此型号大小合适，但锯条太软，如不是直线推拉，锯条很容易变弯<br>2. 锯齿较为锋利，为了安全起见，可将锯子用一根约1米长的绳子绑定在工具台上 |

续表

| 工具 | 外观 | 特点描述 | 用途 | 经验小结 |
|---|---|---|---|---|
| 锉子 | | 塑料手柄，锉身为实心钢条，正面平，反面半圆 | 用于磨光、修饰材料的表面 | 1. 由于锉面较窄，孩子需要多次尝试才能准确打磨<br>2. 锉身坚硬，为了安全起见，可将锯子用一根约1米长的绳子绑定在工具台上 |
| 塑料锤子 | | 塑料手柄，锤身为实心塑料 | 敲打钉子、螺丝 | 1. 由于太轻，只能将钉子锤进很软的木板里，而且很浅，容易脱落<br>2. 使用一段时间后，塑料锤面损坏严重 |
| 桌虎钳 | | 可固定在桌面上，有旋拧杠杆，可手动调节钳口大小 | 简单的夹具，可将物体夹住并固定，保持水平度与垂直度 | 1. 在初级阶段，一定要使用桌虎钳夹住需要锯的物体，并要求孩子将手放在离钳口较远的地方，可以有效避免锯伤、挫伤、锤伤手指<br>2. 使用一段时间后要及时检查桌虎钳与桌子之间的螺丝是否松动 |

---

**第一阶段材料投放促进幼儿互动的思考**

1. 让材料具有适宜性

幼儿初步接触材料，种类不宜过多，有利于幼儿的探索与掌握，适宜幼儿现阶段的发展水平。

2. 让幼儿获得成就感

使用材料所需的能力需在幼儿可达范围内，让幼儿小踏步进步，逐步获得能力的提升。

第二阶段：材料互动，自主创作（见表 3-2）

工具：（在第一阶段增加投入）小铁锤、塑料手柄铝头锤、螺丝刀组合（一字、十字、梅花……）、卷尺、小木头夹子。

材料：（在第一阶段增加投入）木板、长短螺丝钉、各种连接五金件、彩色笔、橡皮泥、轻黏土。

表 3-2　木工区第二阶段工具表

| 工具 | 外观 | 特点描述 | 用途 | 经验小结 |
| --- | --- | --- | --- | --- |
| 小铁锤 塑料手柄铝头锤 | | 长手柄连着锤头，锤头的形状可以像羊角，也可以是楔形，也有圆头形的 | 敲打物体使其移动或变形的工具，最常用来敲钉子，矫正或将物件敲开 | 1. 小铁锤，头部太窄，初始孩子因准确性不够常敲到手，宜使用轻的 2. 铝头锤，轻，孩子选择使用的概率最大 |
| 螺丝刀组合 | | 塑胶手把外加可锁螺丝的铁棒。组合套装含有许多不同的刀头，可根据螺丝帽的型号随意组合 | 手动旋扭不同型号的螺丝，使之可以固定在木板或者墙上（反之可以使螺丝脱离） | 1. 在使用时，根据需要安装不同类型的螺丝刀时，只需把螺丝刀头换掉即可，不需要备大量螺丝刀柄 2. 好处是可以节省空间，但容易遗失螺丝刀头 |
| 卷尺 | | 圆形，可收缩 | 用于测量长短或距离 | 更合适在大班投放，方便孩子测量长度 |
| 小木头夹子 | | 木质，可以张合夹住细小东西 | 锤钉子时夹住钉子、螺丝 | 初始为防范孩子敲到手，在后期孩子技能熟练后可取消使用 |

### 第二阶段材料投放促进幼儿互动的思考

1. 提升幼儿自主性

在第一阶段对基本工具的接触与巩固练习的基础上,幼儿经过观察、探索能在短时间内自如运用新投放的工具、材料,并且结合新投放的工具、材料,开始新一轮的自主创作。

2. 提升幼儿创造力

由最初只是简单的木板加钉子造型转变为使用各种金属件连接,作品的特征更加明显,也有了一定的难度。

第三阶段:想象无限,创新无限(见表3-3)

工具:(在第二阶段增加投入)刨子、直角尺、尖嘴钳、平口钳。

材料:(在第二阶段增加投入)PVC管。

表3-3 木工区第三阶段工具表

| 工具 | 外观 | 特点描述 | 用途 | 经验小结 |
| --- | --- | --- | --- | --- |
| 刨子 |  | 由刨身(刨堂、槽口)、刨刀片(也叫刨刃)、楔木等部分组成 | 用来刨平、刨光、刨直、削薄木材的一种木工工具 | 1.有小中大三种,最小的太小,不适合孩子操作<br>2.中号大小合适,但使用时需要做一个刨木头的专用工作台,工作台上一定要有一个固定木头的卡位,防止在刨木头的过程中木头移动 |
| 尖嘴钳 |  | 由尖头、刀口和钳柄组成 | 钳柄上套有额定电压500V的绝缘套管。主要在较狭小的工作空间操作,不带刃口者只能夹捏工作 | 1.孩子会在钉很小的钉子时用尖嘴钳夹着钉子敲,以防敲到手<br>2.孩子会使用钳子拔掉、修正未钉好的钉子 |

> **第三阶段材料投放促进幼儿互动的思考**
>
> 1. 提升幼儿解决问题的能力
>
> 随着时间的推移，幼儿能够对一个新工具和新材料进行观察分析、自主探索其使用方法，并且能够以物代物，当找不到现成的零件时会自己想办法利用现有的工具和材料进行想象创造。
>
> 2. 提升幼儿社会交往的能力
>
> 对于教师提出的任务会进行分工合作，在提升自身技能的同时也将合作融入区域活动中。有些作品放在教室展览，有些会带上自己的作品，如，将打造的戒指在同伴面前展示，表现出满满的自信与成就感。

第四阶段：拓展创新，精彩继续

中班孩子已经初步了解各种工具的作用与使用方法，并且能让工具与各种材料、配件产生有效互动。大班后，随着孩子的观察力、控制力、精细动作的不断发展，木工区可以扩大或延伸到户外场地。场地扩大后，可以投放中号或者大号的锯子和锤子；材料和辅助材料也可以更加丰富：稍粗的树枝、大一点的木板、油漆、颜料，甚至可以收集一些家里废旧的桌椅板凳、小柜子，让孩子来修补，或者是拆掉再做新的组合。

大班可增加以下工具，同类工具的数量也可以有所增加，方便孩子选择使用。（此处只呈现部分材料，更多见表3-4）

螺丝刀

锯子

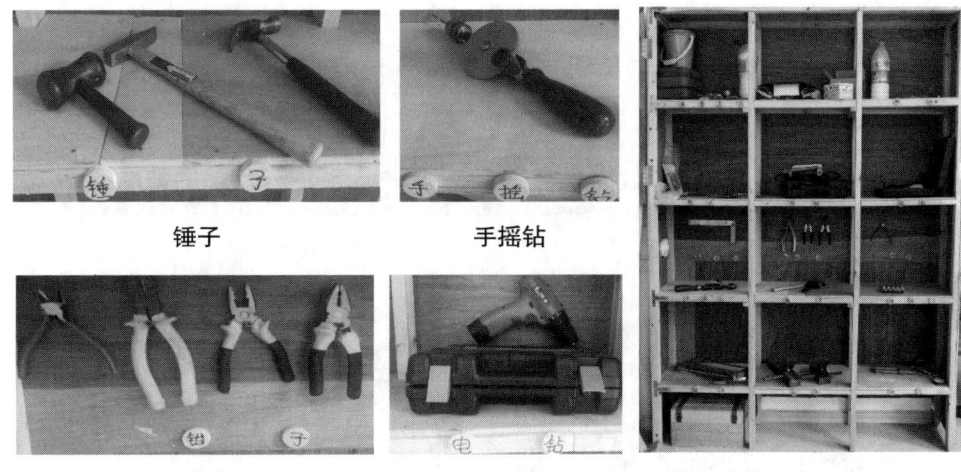

| 锤子 | 手摇钻 | |
| --- | --- | --- |
| 钳子 | 电钻 | 整体工具陈列 |

说明：像锯子、电钻等一些相对危险的工具，教师在提供之前要先进行安全规范与教育，在幼儿能够掌握安全使用之后，需在教师的视线范围内，在保障安全的情况下使用此类工具。在区域活动结束后要将材料归位，一些较危险的工具在有必要的情况下可以锁起来。

### 第四阶段材料投放促进幼儿互动的思考

1. 解决生活中的实际问题

大班幼儿的能力达到一定水平，可以提供机会让他们面对生活中的实际问题，将学习的经验运用到生活中。

2. 材料层次性的体现

幼儿可以根据需要选择合适的材料进行操作，如，提供由易到难多层次的木材，既体现材料的层次性，又满足幼儿的成就感。如，松软的松木板—硬木板—不同形状的硬木板—塑料管。同时增加适当的辅助材料，投放之前要注意安全教育。

松木板

硬木板

不同形状的硬木板

塑料管

各类辅助材料

表 3-4　大班木工区材料清单

| 材料名称 | 用途 | 数量 |
| --- | --- | --- |
| 一、工具类 | | |
| 1. 电钻 | 用于在砌块和砖墙上冲打孔眼，其外形与手电钻相似；锻炼手眼协调 | 2个 |
| 2. 锤子 | 用来敲打物体，如敲钉子等 | 3个 |
| 3. 锉刀 | 打磨木料等 | 1个 |
| 4. 卷尺 | 测量长度 | 2个 |
| 5. 直角尺 | 测量角度、协助画线 | 1个 |

续表

| 材料名称 | 用途 | 数量 |
|---|---|---|
| 6. 手摇钻 | 钻孔、打洞 | 1个 |
| 7. 刨子 | 推平木材 | 2个 |
| 8. 螺丝刀 | 安装或者拆螺丝 | 5个 |
| 9. 线锯 | 可以锯出花样 | 1个 |
| 10. 电锯 | 锯厚木以及一些难锯的木料 | 1个 |
| 11. 钳子 | 用于拔螺丝、绕铁线 | 2个 |
| 二、材料类 | | |
| 1. 白乳胶 | 用于粘贴 | 6个 |
| 2. 颜料 | 用于作品涂色 | 12个 |
| 3. 合页 | 连接门窗等 | 15个 |
| 4. 钉子 | 用于固定、链接 | 6包 |
| 5. 铁丝 | 固定、捆绑 | 3捆 |
| 6. 麻绳 | 捆绑、固定、装饰 | 2卷 |
| 7. 绘画笔 | 画画、标线、装饰 | 2盒 |
| 8. 刻刀 | 刻木 | 5把 |

### 纵观材料投放中"持续追踪"的师幼互动要点，有以下的基本思考

1. 明确不同阶段材料支持发展的重点

第一阶段主要实现让材料具有适宜性，让幼儿有成就感；第二阶段促进幼儿自主性，提升幼儿创造能力；第三阶段促进幼儿解决问题的能力，提升幼儿社会交往的能力；第四阶段解决生活中的实际问题，材料层次性的体现。

2. 投放的依据是适宜幼儿现阶段的需要

材料的投放是一种师幼互动的体现，这种互动不是教师直接与幼儿进行互动，而是以材料为媒介，将教育目标渗透在材料之中，让幼儿在操作的过程中获得教师预设的目标。因此，材料投放的依据是根据每次幼儿操作的情况与需求随机进行完善，以满足幼儿实际需要。

## 二、无痕激发

材料投放的重要目标还在于能充分利用材料的摆放方式、材料的不同类型、材料的多种玩法等来无痕激发幼儿的大胆尝试、不怕困难、敢于探究和尝试,其中材料的低结构、材料操作示意图等也是促进幼儿与材料互动的有益支持。

### 案例

**大班区域游戏活动**

#### 木梯组合挑战

本月班级的户外场地在塑胶草地,有摆好的木梯组合等材料,孩子们可自由探索游戏。

**第一次尝试**

最开始,有一部分孩子直接攀爬固有的搭建,没有孩子尝试重组攀爬架,于是,教师一边搬木板,一边说:"我来试试看,可以怎么变呢?"教师尝试将一个木架立起来变得更高,这时阳阳来了,他用双手撑起木架,还大声喊道:"谁来帮忙呀?"另外几个孩子听到后就过来一起帮忙搭建。过了一会儿,教师发现孩子的兴趣降低了,便在旁边说:"有人敢从上面跳下来吗?"阳阳立刻回答道:"我敢。"教师又说:"从高的地方往下跳需要做什么准备?""需要放垫子。"阳阳回答。接下来,阳阳一个人搬来了垫子,将它放到木架下面。大家都围过来,开始一个接一个地往下跳。昌浩跳了一次后马上又爬上去,大喊道:"太刺激了!"教师也忍不住给他们鼓掌。

### 第二次尝试

因为塑胶场地旁边是生态养耕的阶梯,邱邱尝试将长梯子平放在塑胶草地和生态养耕中间的红砖地上,开始玩独木桥游戏,等等也被吸引过来,而且还搬来了其他木梯架在台阶上,开始通过阶梯的不同高度,搭建出有斜坡的组合。孩子们都围过来开始玩木梯滑滑梯的游戏,还有胆子大一点儿的孩子开始尝试站着走下来。沛沛挑战成功后,大笑着跑过来说:"老师,我厉害吧!"教师笑着回应说:"平衡感不错呦,非常厉害!"

### 第三次尝试

在打破了空间维度的搭建后,孩子们现在一来到场地,就开始分组讨论搭建的内容,而且各个小组搭建好之后,孩子们开始尝试把不同小组搭建的部分连在一起,然然说:"要不我们把它变成游乐场吧,这里是入口,要扫码呦!"第一个来尝试的晶晶过来了,然然用手点了一下说:"是绿码,可以进去。"晶晶完成挑战后,又跑回入口继续挑战。仪仪也进行了第一次挑战,但因为她不敢站在木梯上走过去,所以就一直蹲在平衡板上不敢往前走了,后面的孩子只能在后面一直等着,这时衡衡发现了,他跳下木梯,走到仪仪旁边说:"我会像老师一样在旁边保护你的,你要扶着吗?"仪仪点点头,然后搭着衡衡的手走过去了,到达终点后,仪仪又开心地跑到入口再次挑战。衡衡也大声地说:"那我来做游乐场的安全员吧,我来保护大家!"

幼儿木梯挑战

### 木梯挑战游戏中的师幼互动思考

1. 思考教师的角色定位

在幼儿的探索过程中，教师是参与者和观察者的角色，放手让幼儿自主探索材料。幼儿通过动手操作、直接体验，共进行了三次突破性的搭建游戏，他们会根据自己的兴趣和需要，自主选择和开展木梯搭建的游戏与挑战，获得快乐和满足感。

2. 记录幼儿的探索轨迹

在案例中，幼儿的探索轨迹为：尝试单一空间的新搭建——打破空间维度的搭建——分工合作的集体搭建。幼儿分工合作，共同探索，不断发现问题，解决问题，互帮互助，体验了挑战成功后的成就感。教师可将具体情境进行记录并在班级进行分享，通过互动引发幼儿后续的探索。

## 3. 分析能力与支持发展（见表3-5）

表3-5 幼儿能力与发展

| 能力维度 | 具体发展 |
| --- | --- |
| 社会交往能力 | 1. 幼儿分工合作，一起尝试不同的木梯搭建组合。<br>2. 看到小伙伴在挑战过程中出现问题时，愿意主动帮忙。 |
| 解决问题能力 | 1. 在搭建过程中出现安全隐患时，教师与幼儿讨论，寻找解决问题的方法。<br>2. 在游乐场的游戏搭建过程中，看到有小伙伴不敢尝试而造成堵塞时，会主动充当安全员，保持挑战的连续性。 |
| 自信心的发展 | 1. 在最开始的尝试中，幼儿通过自主搭建，从高处向下跳，挑战成功后，特别开心和满足。<br>2. 第二次打破空间维度的限制，利用场地的多样化，变化搭建的层次，挑战变得更有趣了。<br>3. 最后的游乐场搭建中，挑战更加复杂，有难度，但是在挑战成功后，更加提升了幼儿的自信心。 |

### 案例

#### 流程图的使用

通过材料投放能激发孩子的自主探索，流程图是一种较有效的材料，借助流程图的提示，幼儿可以直观地自主操作、探索材料。流程图的具体操作步骤不是固定不变的，会根据孩子不同阶段的能力水平来确定适合班级孩子的流程图步骤。如，孩子通过看制作蛋糕、搓汤圆的流程图，能够自主学习尝试制作等。

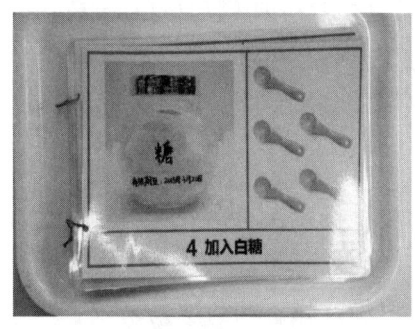

制作蛋糕流程图

看流程图制作蛋糕

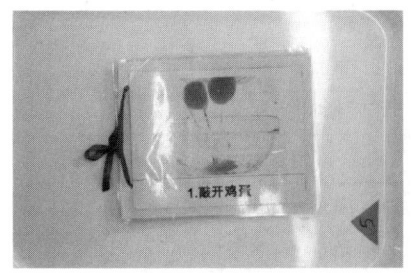

蒸水蛋流程图　　　　　　　　看流程图蒸水蛋

## 纵观材料投放无痕激发的师幼互动要点，有以下几点思考

1. 要为幼儿营造宽松自主的氛围

要让幼儿充分探索与创造，自主的氛围很重要，教师是否允许幼儿有不同的想法和体验，幼儿是否敢于探索、愿意探索、喜欢探索，在于氛围带给他们的感受，能否自主，自主到什么程度，良好的师幼关系是氛围营造的基础。

2. 要关注材料结构的多样性

要想无痕激发幼儿的想象与探索，材料结构的多样性也起到了重要的作用。

低结构材料：在投放材料的时候可以多考虑低结构材料，激发幼儿的创造力。可以有一些只完成一半的材料，剩下的部分做成低结构，如，大型玩具往上爬的网换成一个平台加上一根绳子，再提供轮胎、木板等，让幼儿想办法爬上平台。

多组合材料：可以提供低结构、半结构、高结构的材料给幼儿进行组合，高结构材料可以根据需要把握比例。

在材料的材质上，也可以是不同类型的：塑料、木质、金属等。

3. 要对投放策略进行思考

为了通过教师的设计，促进幼儿与材料的互动，可以在现有材料的基础上，增加其他类型的体验，如，木梯组合的挑战中，教师可以增加角色性材料的投放，可以引导幼儿的游戏，除木梯自身的运动功能外，可以增加小小解放军的服装、道具,这样木梯游戏可以更加多变。同时,在材料组合上可以与周边的场地配合,产生不同的玩法与效果。

## 第三节 同伴互动的师幼互动策略

同伴关系是幼儿重要的人际关系,幼儿间的同伴互动对于其社会性发展具有深刻意义。在和同伴进行互动时,幼儿除了能够学会如何与他人互动外,还能够了解怎样和他人合作、社会互动是怎样发展的等。在幼儿园,同伴的语言、动作在一定程度上会影响幼儿的心理及行为。教师在同伴互动中的策略对幼儿的同伴互动质量起着重要的作用,静观其变和创造机会是我们常用的两种师幼互动策略。

### 一、静观其变、适宜支持

在自主游戏中,除了教师与幼儿之间的互动,促进幼儿之间的同伴互动也很有必要,是提升幼儿之间互相学习、社会交往的重要渠道。教师通过在互动机会上的创设、在互动场景上的规划、在互动技巧上的提升等,促使幼儿与同伴之间的互动。当然,有时静观其变也是一种很好的策略。

 案例

#### 相信孩子可以自己成长

**第一次观察**

花花先来到娃娃家,将娃娃家的墙和门都搭好了,背上了妈咪包,穿上了高跟小拖鞋,准备当妈妈。

哆哆走过来:我要当妈妈。

花花不同意:我先来的,我当妈妈。

哆哆提高嗓门:我就要当妈妈。

花花继续反对：不行，我当妈妈。

哆哆生气了：那我就不和你玩了。（说完假装要走）

花花只好妥协：哆哆回来，我让你当妈妈。

教师走过去问哆哆：哆哆，你当了好多次妈妈了，为什么不让花花当一次妈妈呢？

哆哆：我就是喜欢当妈妈，不喜欢当姐姐。

教师故意问花花：你喜欢当妈妈吗？

花花：我也好想当妈妈！可哆哆不让我当妈妈。

教师：哆哆，你应该和花花轮流当妈妈才对呀。

哆哆：我就是要当妈妈，不当姐姐。

教师：哆哆和花花是不是好朋友？是好朋友就应该互相关心，好玩的角色大家轮流当。

哆哆赌气：那我就不跟她做好朋友了。

教师：那你就没有好朋友和你一块儿玩游戏啦。

哆哆还是不让步：没有就没有。

## 第二次观察（15天后）

今天花花的妈妈带她去补龋齿了，只有哆哆一个人在娃娃家里玩，哆哆看到小小在娃娃家门口，忙拉着她说："小小，你和我一起玩吧。"

小小：我才不和你一起玩呢，你总是自己当妈妈。

哆哆：不玩就不玩，我自己玩。

哆哆说完继续摆弄着手中的布娃娃，眼睛却不停地望着门口，大概是在等花花早一点儿回来吧。等了许久也不见花花回来时，哆哆开始收拾物品，满脸沮丧。哆哆收好娃娃家的物品后，独自一人坐在墙角。我走过去问："哆哆，怎么这么早就把玩具收起来了呢？"

哆哆：我不想玩了。

教师：是不是没有小朋友和你一起玩？

哆哆：我一个人不好玩，花花怎么还不来幼儿园呀。

教师：你喜欢花花吗？

哆哆：喜欢。

教师：花花也很喜欢哆哆，她虽然每次都很想当妈妈，可是她都让着你。等花花回来，我们也让她当一次妈妈，好吗？

哆哆犹豫了一下，终于点点头：好。

教师搂着哆哆：哆哆长大了，真懂事。

当幼儿遇到问题的时候，教师的第一反应是帮助他们解决问题，在案例中的第一次观察中，教师试图用反问、规则要求来劝说幼儿改变想法，当发现自己的介入也不能改变事情的发展时，其实教师可以换个角度思考，让幼儿承担自然后果。在案例中的第二次观察中，当幼儿发现没有同伴的时候，她也意识到自己行为的不妥，经历了没有同伴一起游戏后，决定做出调整，和同伴轮流当妈妈。通过这样的情境我们可以看出，教师给予幼儿尝试与体验的空间，在过程中通过实际的感受，相信幼儿可以自己成长。

当然，在选择静观其变的过程，教师的支架式互动将会对幼儿的决定起到关键性的作用，下面我们通过一个案例来了解。

### 案例
**中班区域游戏活动**

我想当警察

豆豆：你总是当警察，我也想当警察！

乐乐：我年龄最大，就是要当警察的！你不可以当警察，你太小了，是个小宝宝。

教师：豆豆、乐乐，你们两个人都想当警察（两个孩子都点了点头）那现在怎么办呢？

乐乐：现在我先当警察，等我当完了，豆豆再当警察，豆豆可以先去当消防员。

豆豆：不行，我就想现在当警察，你可以先去做消防员。

教师：听起来，你俩都很想现在就当警察。

乐乐：可是我们只有一套警察的衣服，所以只能有一个警察。豆豆，你可以拿上灭火器，带上工具箱，先去做消防员。消防员很酷的，可以灭火救人。

豆豆：那消防员的消防斧在哪里？

乐乐：好吧，消防斧也给你，我用这个木棒（豆豆和乐乐都露出了微笑）。

教师：好啊，现在乐乐是警察，豆豆是拿着灭火器和消防斧的消防员。

乐乐和豆豆都各自开心地去玩了。

教师晚些去看时，两人各司其职，警察和消防员都在忙碌着。

我们纵观这两个案例，教师参与的过程影响着幼儿最后的决定。（见表3-6）

表3-6 案例对比分析

| 案例分析 | 教师的参与 | 幼儿可能的感受 | 幼儿的决定 |
| --- | --- | --- | --- |
| 案例：小班"相信孩子可以自己成长" | 哆哆，你当了好多次妈妈了，为什么不让花花当一次妈妈呢？ | 老师希望我能够让给花花当妈妈 | 我就是喜欢当妈妈，不喜欢当姐姐 |
| | 哆哆，你应该和花花轮流当妈妈才对呀 | 老师觉得我应该和花花轮流玩 | 我就是要当妈妈，不当姐姐 |
| | 哆哆和花花是不是好朋友？是好朋友就应该互相关心，好玩的角色大家轮流当 | 老师认为好朋友要轮流玩 | 那我就不跟她做好朋友 |
| 案例：中班"我想当警察" | 豆豆、乐乐，你们两个人都想当警察（两个孩子都点了点头）那现在怎么办呢？ | 老师知道我们都想当警察的想法 | 现在我先当警察，等我当完了，豆豆再当警察，豆豆可以先去当消防员 |
| | 听起来，你俩都很想现在就当警察 | 老师理解我们想当警察的心情 | 通过协商，一人先当警察，一人先当消防员 |

通过对比这两个案例我们可以看到，当遇到问题的时候教师的参与会影响幼儿的决定。教师通过提问引导幼儿思考，把决定权交给幼儿，静观其变，幼儿间通过互相商议、讨论，最终达成共识。因此，在幼儿的互动过程中，教师把更多的时间和空间交给幼儿，观察事情的进展，逐步促进幼儿的发展。

## 二、创造机会、促进互动

在与幼儿的互动中,教师可以把选择决定权交给幼儿,静观其变,适宜支持;也可以有意识地创设机会,有目的地促进幼儿的互动成长。在创设机会的过程中,教师的提前思考、环境规划、过程中的观察、支持是促进幼儿互动的基础。

 **案例**

**中班区域活动**

### 一条河的故事

早餐后,宇城来到了四楼沙区玩游戏,他选择了一把铲子和一个小桶,开始了今天的游戏。他先用铲子把沙子铲进小桶里,这样的动作一直重复着,10分钟过去了……

教师:宇城,你在干什么呢?

宇城:我在挖一条河呀。

教师:河里怎么没水呀?

宇城:待会儿我倒一桶水下去就有水了。

教师:水从哪里来呢?

宇城:水从水管里来呀。

说完,宇城就去接了一桶水,顺势倒进了河里。

教师:咦!水怎么不见了?

宇城:它到沙子里去了,水多一些就可以了。

说完,宇城又去接了两桶水,结果水还是不见了。

宇城看了看沙子,自言自语道:肯定是水不够多。

教师:有什么办法能让河里的水足够多呢?

宇城听完后,想了想:老师,我知道,我们把河挖到水管那边去就行了。

宇城的话立刻吸引了汉堡的注意,他走过来:宇城,我来帮你。

宇城:好呀!

于是两个人开始一起挖,最后,宇城兴奋地跟教师说:"刘老师,你快来看我们的小河,是不是变长了呀?马上就到水龙头了。"教师看了看,惊叹地说:"哇!真的耶,你们是怎么做到的,可以跟我分享吗?"

宇城:可以呀!

于是,宇城跟教师分享了挖小河的故事。

---

**案例中的师幼互动思考**

1. 如何创造机会

教师发现幼儿持续把沙子铲进桶里10分钟,说明教师关注到了幼儿的兴趣,并发现连续的活动内容能丰富幼儿的经验,因此用语言引导幼儿继续探索。

2. 机会的主要内容

教师通过启发式提问,引出了挖小河的情境,通过情境吸引幼儿参与,并将操作的环境交给幼儿,相信幼儿是有能力的学习者。教师观察并记录了幼儿的整个操作过程,并进行了思考,为幼儿提供了继续探索的时间和空间。在这个过程中我们要思考"看到了一个怎样的老师?""看到了一群怎样的孩子?",为接下来的学习做好铺垫。

---

## 第四节 有效支持的师幼互动策略

在区域游戏过程中,教师的有效支持尤为重要。通过互动,除了能促进幼儿参与区域创设、材料投放、同伴互动之外,还能支持幼儿在区域游戏中的深度学习,这是区域游戏的重要目标,既有幼儿的自主学习,又有教师隐性的预设学习。

教师关注幼儿的学习,通过高级词汇的使用、高水平问题的使用、关注行为背后的原因、关注幼儿个体差异等方式,助力幼儿围绕富有挑战性的问题全身心积极投入,与同伴进行合作探究,重构、迁移经验,解决实际问题,进而实现有意义学习,支持幼儿的成长与发展。

## 一、高级词汇的使用

高级词汇是基于幼儿的核心经验，拓展幼儿思维的语言。高级词汇是有层次性的，满足不同年龄段的幼儿需求，也体现对个体差异的关注。高级词汇能够帮助幼儿提升经验，幼儿的经验往往是零散的，教师的总结提升让幼儿的经验更为完整。高级词汇能够肯定、鼓励、引导幼儿，将幼儿零散的语言通过教师的总结提升，让幼儿的语言表达更加完整、丰富。

 案例

### 小班区域游戏活动计划

区域游戏活动准备开始了，孩子们围坐在教师身边。

教师：今天谁来做计划呢？点兵点将，点到谁，就是你！

教师说完正好点到琪琪，琪琪站了起来。

琪琪：大家好，我是琪琪，今天我想到建构区搭一辆大汽车，然后去杭州旅游。

教师：你怎么搭汽车呢？

琪琪：我用长方形和正方形的积木，再用圆形的积木当方向盘。

教师：深圳到杭州好远呀！

琪琪：我和汽车先坐飞机去，然后再在那里开车。

教师：这真是个好主意，到时我到建构区去欣赏你的汽车。

做计划

### 案例

#### 小班建构区域回顾

教师：欣欣，你在搭什么？

欣欣：我搭一座房子给小动物们住，尖尖的屋顶、红红的墙，像白雪公主住的城堡一样美丽的房子！

教师：你准备用什么材料搭呢？

欣欣：我用长方形、圆柱形、三角形的积木来搭。

教师：好的，期待看到你的白雪公主的城堡！

欣欣拿了各种形状的积木，搭了起来。

欣欣：这里是窗户，这里是大门，还有这些是围墙，好多小动物都来了，有小兔子、大恐龙，还有我喜欢的长颈鹿，再给它们搭一张床让它们休息！

教师：你真是个有爱心的好孩子！

**分享搭建经验**

在这两个案例中，教师通过不同的高级词汇引导幼儿思考和后续的决定，下面通过一个表格（见表3-7）来梳理一下教师高级词汇的运用对幼儿游戏的推动。

表3-7 教师高级词汇的运用

| 案例 | 教师语言 | 幼儿回应 | 高级词汇种类 |
| --- | --- | --- | --- |
| 小班"区域计划" | 你怎么搭汽车呢 | 我用长方形和正方形的积木，再用圆形的积木当方向盘 | 启发性语言 |

续表

| 案例 | 教师语言 | 幼儿回应 | 高级词汇种类 |
|---|---|---|---|
| 小班"区域计划" | 深圳到杭州好远呀 | 我和汽车先坐飞机去，然后再在那里开车 | 建议性语言 |
| | 这真是个好主意，到时我到建构区去欣赏你的汽车 | | 鼓励性语言 |
| 小班"区域回顾" | 欣欣，你在搭什么 | 我搭一座房子给小动物们住，尖尖的屋顶、红红的墙，像白雪公主住的城堡一样美丽的房子 | 启发性语言 |
| | 你准备用什么材料来搭呢 | 我用长方形、圆柱形、三角形的积木来搭 | 启发性语言 |
| | 好的，期待看到你的白雪公主的城堡 | 幼儿拿了各种形状的积木，搭了起来 | 鼓励性语言 |
| | 你真是个有爱心的好孩子 | | 鼓励性语言 |

由此可以看出，教师通过高级词汇引导幼儿阐述自己的想法，明确搭建的主题，发挥想象，促进幼儿熟练运用形容词、连接词，完整表达想法，发展幼儿的表达能力。教师的语言是其儿童观、课程观及综合素养的体现，在高级词汇使用的过程中，教师要充分认识到提问发挥的作用，通过提问引发幼儿的积极思考，强化求知欲望，增强师幼之间的有效互动，从而促进幼儿语言和思维能力的共同发展。

### 二、高水平问题的提出

高水平提问可以促进幼儿理解问题，进行深入思考；可以促进幼儿记忆信息、理解信息，并在实践中运用；可以启发幼儿结合已有经验进行回答，也可以按照自己喜欢的方式进行回答；可以引发幼儿拓展思维方式，能够换位思考问题或多角度思考问题；可以满足不同幼儿的需要，能够匹配幼儿发展的需要。

在布鲁姆分类法中，将高水平提问分为六个认知级别，其中的记忆与理解属于较低层次的提问,这种问题可以巩固幼儿的认知基础,也是他们能够回答高层次问题的基础。应用、分析、评价、创造属于较高层次的提问,能够培养幼儿的思维与创造力。(见表3-8)

表3-8 布鲁姆高水平提问层次

| 序号 | 认知级别 | 价值 | 幼儿能力 |
| --- | --- | --- | --- |
| 1 | 记忆 | 回忆事实或其他信息 | 识别、命名、点数、重复、回忆 |
| 2 | 理解 | 简单地理解 | 描述、讨论、解释、总结 |
| 3 | 应用 | 做出推断或将信息应用于其他情境中 | 解释原因、表演、建立联系 |
| 4 | 分析 | 将整体分解成各个部分,并理解各组成要素之间的关系 | 识别不同点、尝试、推测、比较、对比 |
| 5 | 评价 | 将各个要素有意义地组合到一起 | 表达观点、做出判断、争辩/评论 |
| 6 | 创造 | 判断某事的价值 | 制作、建构、设计、创作 |

以美术作品为例,幼儿在完成美术作品后,经常会与教师进行分享交流,教师可以用以下问题进行提问:

- 你用了哪些材料?(记忆)
- 你最喜欢这幅作品的哪一部分?为什么?(评价)
- 你在哪里见过这样的图案?(应用)
- 你为什么要创作这幅作品?(分析)
- 你看到这件艺术作品有什么感受?(理解)
- 我们可以给这幅作品起个什么名字呢?(创造)

通过不同层次的问题可以启发幼儿思考,促进幼儿思维的发展。

这种提问方式可以运用在其他不同的区域游戏活动中,希望下面的案例能够带给大家启发。

## 案例

### 小中大班区域游戏活动的教师提问

| 区域游戏活动教师提问记录表 |||
|---|---|---|
| 区域：美工区 | 年龄段：5—6岁 | 记录人：吕老师 |
| 记忆 | 识别、命名、点数、重复、回忆 | 1. 你画的是什么？<br>2. 你的画用了哪几种颜色？<br>3. 你用了什么材料来画这幅画？ |
| 理解 | 描述、讨论、解释、总结 | 1. 请你说一说用这种材料的画笔画出来的画感觉怎么样？<br>2. 你是按什么顺序画出这个天坛的？<br>3. 你是怎么画天坛的主体建筑的？ |
| 应用 | 解释原因、表演、建立联系 | 1. 你在哪里见过天坛？<br>2. 如果你去天坛玩，你最想看哪里？<br>3. 你还想在这个天坛上增加一些什么东西呢？ |
| 分析 | 识别不同点、尝试、推测、比较、对比 | 1. 你用不同材料的笔画出来的颜色和线条有什么不同？<br>2. 你画的天坛跟你看到的天坛有什么不同？ |
| 评价 | 表达观点、做出判断、争辩/评论 | 1. 你最喜欢你画的哪一部分建筑？为什么？<br>2. 你对作品的哪一部分还不够满意？为什么？<br>3. 你觉得你画的这个天坛跟其他小朋友画的天坛有什么不一样？ |
| 创造 | 制作、建构、设计、创作 | 1. 你画的是你眼中的天坛，你想给它取个什么特别的名字呢？<br>2. 如果让你再创作一幅"小天坛"，你准备怎么画？<br>3. 我看到你在天坛上空画了白云，你还想画什么上去呢？为什么？ |

| 区域游戏活动教师提问记录表 |||
|---|---|---|
| 区域：棋牌区 | 年龄段：5—6岁 | 记录人：虎老师 |

| 记忆 | 识别、命名、点数、重复、回忆 | 1. 这些俄罗斯方块有几种颜色？<br>2. 每种颜色有多少块？<br>3. 这些俄罗斯方块都有什么形状？ |
|---|---|---|
| 理解 | 描述、讨论、解释、总结 | 1. 我看到你把俄罗斯方块都拼在了一起，请你跟我说说你在这个板上拼的模式。<br>2. 你是用什么方法拼成直线的？<br>3. 你在拼的时候是按颜色还是按形状选择的呢？ |
| 应用 | 解释原因、表演、建立联系 | 1. 你为什么从你的左边开始拼呢？<br>2. 你还在哪里见过或玩过这种游戏吗？ |
| 分析 | 识别不同点、尝试、推测、比较、对比 | 1. 上、下、左边的俄罗斯方块有什么相同之处呢？<br>2. 如果从下往上拼会有什么不同，你来试一下吧。<br>3. 哪种形状的俄罗斯方块用到的次数最多？ |
| 评价 | 表达观点、做出判断、争辩/评论 | 1. 在拼的过程中，你最喜欢用哪种形状？<br>2. 这些俄罗斯方块拼成什么形状才算拼好了呢？（结束了） |
| 创造 | 制作、建构、设计、创作 | 1. 请把你的游戏步骤记录下来吧。<br>2. 怎样在拼成直线的同时又能拼出好看的图案？<br>3. 如何在这块板上拼出两个颜色、图案都一样的图形？ |

| 区域游戏活动教师提问记录表 |||
|---|---|---|
| 区域：剪纸区 | 年龄段：4—5 岁 | 记录人：肖老师 |

| 记忆 | 识别、命名、点数、重复、回忆 | 1. 你剪了什么作品？你剪了几个作品？<br>2. 你用了几张纸？<br>3. 你用了哪些颜色的纸？ |
|---|---|---|
| 理解 | 描述、讨论、解释、总结 | 1. 你怎么想到要剪这个作品的？<br>2. 你是怎么剪出这个（五角星）的？ |
| 应用 | 解释原因、表演、建立联系 | 1. 在哪里可以看到这个（黄色的五角星）？<br>2. 你打算用这个（红色的五角星）做什么？ |
| 分析 | 识别不同点、尝试、推测、比较、对比 | 1. 这些（五角星）有什么不同吗？<br>2. 不同颜色的星星大小一样吗？ |
| 评价 | 表达观点、做出判断、争辩／评论 | 这些作品里你最喜欢哪一个？为什么？ |
| 创造 | 制作、建构、设计、创作 | 1. 除了五角星，你还可以剪出不一样的星星吗？<br>2. 这么多星星在一起，我们可以给它们起个什么名字呢？<br>3. 剩下的材料还可以用来做什么呢？ |

| 区域游戏活动教师提问记录表 |||
|---|---|---|
| 区域：拼图区 | 年龄段：4—5岁 | 记录人：李老师 |

| 记忆 | 识别、命名、点数、重复、回忆 | 1. 这块俄罗斯方块有几种颜色？<br>2. 你用了多少块积木拼出俄罗斯方块？<br>3. 这里有多少种图形呢？ |
|---|---|---|
| 理解 | 描述、讨论、解释、总结 | 1. 你准备拼一个什么样的图形？<br>2. 请你说说你是怎么拼出来的？<br>3. 请介绍你和同伴想了什么好办法用最快的速度拼出俄罗斯方块。 |
| 应用 | 解释原因、表演、建立联系 | 1. 你在哪里见过这些图形？<br>2. 能演示给我看看吗？如果这个红色方块反着放，蓝色方块竖着放会怎么样？<br>3. 这些颜色的方块是能用来做什么呢？ |
| 分析 | 识别不同点、尝试、推测、比较、对比 | 1. 你和豆豆拼方块的方法一样吗？<br>2. 还有什么更快的方法可以拼出俄罗斯方块？<br>3. 你准备用什么方法来拼？这种方法又快又好，为什么？ |
| 评价 | 表达观点、做出判断、争辩/评论 | 1. 方块的哪部分你觉得最难拼？为什么？<br>2. 如果我们把其中一块黄色的方块拿走，空出来的地方可以做什么？会怎样？<br>3. 哪个部分你觉得拼起来最有意思？ |
| 创造 | 制作、建构、设计、创作 | 1. 你准备在纸上设计什么样的方块图形呢？可以写点什么让我们参照呢？<br>2. 你觉得把方块还原时，能弄清楚应该放在什么地方吗？为什么？<br>3. 你觉得拼一个不同的方块，能把所有方块都放在其中吗？ |

| 区域游戏活动教师提问记录表 |||
|---|---|---|
| 区域：棋牌区 | 年龄段：3—4岁 | 记录人：莫老师 |

| 记忆 | 识别、命名、点数、重复、回忆 | 1. 你使用的是什么材料？<br>2. 你以前见过这种纸质的砖吗？<br>3. 这些砖都有什么形状？ |
|---|---|---|
| 理解 | 描述、讨论、解释、总结 | 1. 你准备用这些积木搭建什么建筑？<br>2. 你这些积木够吗？ |
| 应用 | 解释原因、表演、建立联系 | 1. 为什么大三角积木放在纸砖上会倒下？<br>2. 你试过将大三角积木放在纸砖下面会怎么样吗？ |
| 分析 | 识别不同点、尝试、推测、比较、对比 | 1. 纸砖和木砖哪个更重？<br>2. 为什么两旁竖起来的纸砖会歪？ |
| 评价 | 表达观点、做出判断、争辩/评论 | 1. 如果两边纸砖倾斜没有倒下是不是因为中间的纸砖支撑着？<br>2. 横着搭的纸砖是不是比竖起来的纸砖更牢固？ |
| 创造 | 制作、建构、设计、创作 | 你还会搭建什么建筑？ |

| 区域游戏活动教师提问记录表 |||
|---|---|---|
| 区域：娃娃家 | 年龄段：3—4 岁 | 记录人：罗老师 |

| | | |
|---|---|---|
| 记忆 | 识别、命名、点数、重复、回忆 | 1. 你做了几道菜？分别是什么？选了什么工具？<br>2. 你打电话给谁了？和他们聊了什么内容？ |
| 理解 | 描述、讨论、解释、总结 | 1. 在小厨房里你先做了什么？然后做了什么？最后呢？<br>2. 你为什么会打电话邀请他们一起吃饭？你和他们是什么关系？ |
| 应用 | 解释原因、表演、建立联系 | 1. 平时你在哪里见过这些食材？<br>2. 上一次和他们吃饭是什么时候？地点是在哪里？ |
| 分析 | 识别不同点、尝试、推测、比较、对比 | 1. 这么多道菜，你打算怎么摆？<br>2. 你是怎么打通电话的？怎么记住号码的呢？ |
| 评价 | 表达观点、做出判断、争辩/评论 | 你最喜欢桌子上的哪几道菜？你的朋友喜欢哪道菜？ |
| 创造 | 制作、构建、设计、创作 | 娃娃家只有 2 张椅子，你邀请了 3 位朋友一起聚餐，椅子够用吗？你想要怎样解决这个问题？ |

　　通过以上的案例可以看出，在区域游戏活动中，教师可以通过不同层次的提问促进不同幼儿的发展，同时要注意尽量减少记忆性的问题，多使用理解、应用、分析、评价、创造的问题，促进幼儿表达自己的想法、观点，以及后续的打算，把主动权给幼儿。提问也要有一定的技巧性和启发性，讲究说话的艺术，让师幼互动在区域游戏活动中真正起到有效的作用。

## 三、关注行为背后的原因

在与幼儿的有效互动中,教师需要静心关注幼儿的行为,分析行为背后幼儿的想法,从而促进教师思考进一步支持的策略。

### (一)分析师幼互动中的需求

幼儿的表达能力和情绪识别能力较弱,很多语言和行为背后的状态需要教师合理猜想和挖掘,以美工区常听到的对话为例。

"老师,你看我画得好不好?"

"你看,老师,我画的是……幼儿园的滑滑梯。"

"老师,我不会。"

听到这样的对话,教师需要从以下几个方面去思考。

1. 了解幼儿背后的想法

•"我画得好不好、我画的是……"

幼儿的想法可能是:

想和教师分享

想得到教师的肯定

想展示作品

想要得到教师的评价

•"我不会画"。

幼儿的想法可能是:

想得到教师的帮助

我不懂得技巧

我不会使用工具

2. 思考支持幼儿的策略

首先,教师可以使用专业的词汇描述幼儿的作品。如,在描述幼儿的绘画作品时,从绘画的线条、构图、冷暖色彩和幼儿谈论,还可以具体描述画面,用"我看到了……"的句式,如"我看到你的画面用了红色、黄色,让人感觉很明亮。"

其次,教师使用启发式问题引发幼儿思考。如,用"你最喜欢什么?你是怎么想的？"等启发式问题，引发幼儿链接已有经验，启发幼儿思考，不断完善与丰富画面感。

最后，教师可以创设机会丰富幼儿的感知。幼儿需要通过看、听、摸、闻等直接体验来感知，只有充分感知，才能有更好的输出呈现。在幼儿一日生活之中，教师要善于创设机会，让幼儿在教室内、户外等活动中多探索，积累经验。

### （二）梳理不同区域的师幼互动经验

针对不同区域的特点，教师可以梳理师幼互动的核心经验，有利于教师进行有准备的互动、深入的互动。以美工创意游戏区的师幼互动为例。（见表3-9）

表3-9 美工创意游戏区师幼互动经验梳理

| 发起人 | 发起情境 | 策略 | 举例说明 |
|---|---|---|---|
| 教师 | 材料补充 | 教师通过观察，增加或减少材料，支持幼儿的进一步创作 | 在纸艺区，中班的小雨正在尝试用盘子做一个娃娃，他用盘子做好了娃娃的头，还用毛线给娃娃做了头发。教师又拿了些卡纸、纸盘之类的材料出来。小雨看到后说："老师，我还要给娃娃做一个身体。""好的，没问题！" |
| | 活动主题 | 言语告知 | 在人体造型区，教师直接导入："今天我们在人体造型区，你们可以帮你们画下来的同伴进行装饰……" |
| | | 暗示提问 | 教师投放了新的纸盒和包装纸，教师问："六一儿童节快到了，老师带来了许多神秘的盒子和纸，你们有没有什么好办法，把这些盒子和纸变成漂亮的礼物盒呢？"幼儿纷纷表示可以用漂亮的纸包装礼物盒 |
| | 工具使用 | 示范，制定规则，引导幼儿正确使用工具 | 在剪纸区，教师向幼儿示范如何安全使用剪刀："剪刀就像是一只小鳄鱼，如果我们不把它的小嘴巴握起来的话，它很容易伤到别人。"教师边说边示范如何正确传递剪刀，然后和幼儿讨论，共同制定安全使用剪刀的规则，并通过图夹文的形式展示出来，时刻提醒幼儿注意安全 |

续表

| 发起人 | 发起情境 | 策略 | 举例说明 |
|---|---|---|---|
| 教师 | 幼儿无所事事 | 尊重幼儿意愿并给予建议 | 进区时间到了,小乐一直在计划板前徘徊,教师走过去问:"小乐,你今天想要去哪个区呢?"小乐说:"我不知道。"教师建议说:"今天我在自然坊放了好多好多的干树叶,你愿意去试一试吗?"小乐想了想,没说话。"上一次我看你在那里用白乳胶用得很好,如果那个区的小朋友需要帮助,你可以教教他们吗?"小乐同意了,高兴地去了自然坊 |
| | | 邀请幼儿参与 | 进区时间,幼儿进了阅读区,但是却没有看书,不知道自己要做什么。教师到了旁边的编织区问:"宝贝,你是想继续在阅读区看书,还是想和老师一起尝试一下在编织区编织新花样?"幼儿选择换区到编织区,和教师一起进行编织游戏 |
| | 提升游戏水平 | 基于真实情境提问 | 在包装礼物的过程中,幼儿总是只能包住包装盒的四个面,教师观察了一段时间后,发现他们没有关注盒子的另外两个面,于是提问:"小天,你以前收到的礼物是盒子所有的表面都被包上的吗?""是啊。""哦,那你看一下这个盒子,有两面没有被包上呢。""嗯,如果不包好礼物就容易掉出来。""那你有什么好办法?""我把旁边两个面贴起来。""真是个好主意!" |

在区域游戏活动中,教师不仅是幼儿游戏的好伙伴、好搭档,还应当成为一位细心的观察者,通过观察和参与游戏,从幼儿的操作中发现新问题,产生新思考,通过提供新游戏材料、语言引导、引领示范等方式,提升幼儿的区域游戏活动水平。

**(三)思考不同场景的师幼互动策略**

在区域游戏活动中,幼儿会产生一些不适宜行为或同伴之间的冲突,教师作为观察引导者,要及时发现这些行为,并分析产生此行为的可能原因,并对相应环境做出调整。下面就列举了在区域游戏活动中的一些常见问题。(见表3-10)

表 3-10　区域游戏场景问题的原因及策略

| 场景 | 可能产生的原因 | 环境调整策略 |
| --- | --- | --- |
| 教室里奔跑 | 开放式的空间太多，教室规划空间不够，各活动区的划分不是很明确 | 用架子或家具对空间进行区分，避免存在让幼儿跑来跑去的开放空间 |
| 争抢玩具 | 幼儿喜欢的玩具只有一件或不能满足幼儿的需要 | 在环境调整上要考虑不同年龄段：小班可以一种玩具多准备几份；中大班要与幼儿商讨规则：怎么轮流？如何计时？（如用闹钟或沙漏或将等待幼儿的姓名列表呈现等） |
| 闲逛不知道要做什么 | 投放的材料不能吸引幼儿操作；不知道怎么选择，没有足够的活动让他们去选择 | 清理教室和材料，做到整洁、有序；介绍如何选择区域；调整区域，进区空间与人数适宜，能满足幼儿活动的需要 |
| 影响别人的工作空间 | 区域空间不足，线路规划不良，使幼儿间相互打扰 | 将幼儿的工作区域划分出来（如利用垫子、托盘等）；划分工作区域和建立通道指引 |
| 不会正确使用和整理材料 | 材料的陈列没有规则，幼儿不清楚如何使用材料，没有归位的标识 | 利用照片、符号等标识来指引材料摆放的位置。通过图示提示规则，以游戏的方式指导幼儿做好整理工作 |

区域游戏活动虽然主要是为幼儿提供与材料相互作用的机会，但其有效开展仍然离不开教师和幼儿的互动。教师应积极提供与幼儿发展水平与需要相匹配的支架式环境，在幼儿能力较低时提供更多的帮助，在幼儿能力提高时减少帮助。

## 四、关注幼儿的个体差异

在"三人行"课程中，我们一直倡导每名幼儿都是有能力的，每名幼儿都是独一无二的。因此，在师幼互动的过程中，给予幼儿符合年龄特点、个性特征、发展规律的适宜支持是关键点，也就是师幼互动需要促进每名幼儿在适宜的最近发展区发展。在互动过程中，教师发现幼儿有不同类型的表现，针对不同类型幼儿提供不同的互动策略。（见表 3-11）

表 3-11　不同类型幼儿的互动策略

| 幼儿类型 | 典型表现 | 互动策略 |
|---|---|---|
| 沉默型 | 教师问一句答一句，或者回答不上来 | • 提问引发：教师采用封闭式或选择性问题循序渐进地发问，如，"你今天去了哪个区域？玩了什么游戏，和谁一起玩？喜欢和他一起玩吗？为什么？说说你是怎么玩的？"<br>• 给予肯定：在听完幼儿的分享后，给予肯定，告诉幼儿"听到你分享了……我们感到……"（表达感受，鼓励幼儿） |
| 腼腆型 | 比较害羞，不敢直视其他幼儿，声音较小，但是在教师的鼓励下能够较完整地表达清楚 | • 鼓励性语言："能和小朋友分享一下分区的快乐吗？"（制造轻松的环境鼓励表达）"我看到你刚刚玩得很开心，都忍不住想加入你的游戏了，能跟小朋友说说你刚刚玩了什么游戏吗？今天去了……"<br>• 鼓励性动作：轻轻环抱幼儿、拉着幼儿的手等，在幼儿回顾时要有眼神交流，及时给予肯定，告诉幼儿"听了你的分享，我很快乐！" |
| 爱表达型 | 敢于表达，一般想到什么就说什么，表达内容缺少条理性。在教师不去打断的情况自己能够一直说个不停 | • 提炼重点：请幼儿自己说，教师边听边提炼语言重点，点头给予回应，听到不明白的地方及时追问，如遇到幼儿反复重复语句时帮助幼儿概括总结，如"你的意思是……"，碰到其他幼儿感兴趣的地方可与大家互动。<br>• 提供支架：教师提问要讲究技巧，避免幼儿天马行空地回顾，抓住问题的重点，利用照片或者直接出示幼儿操作的玩具来提醒幼儿进行表达。如：<br>*照片支架*——"看到照片中的你在做××，和大家说说你为什么要这么玩？"<br>*实物支架*——"刚刚看到你在玩这个玩具，说说看，你是怎么玩的？发现了什么秘密？"<br>*问题聚焦*——教师可选择用语言直接提示幼儿，尽量缩小问题："刚刚看到你和××在区域里玩了××的游戏，你选择用××做游戏，说说看，你为什么要这么玩？" |
| 健忘型 | 很快忘记自己刚刚做的事情，需一步步提醒，可能不会按照自己的计划做事 | • 提供回忆支架：教师可利用照片帮助幼儿回忆刚刚的游戏，或者用语言提醒幼儿。<br>• 还原情景现场：如果幼儿实在想不起来，教师可拿出幼儿刚刚操作的玩具，与幼儿进行情境表演，呈现情境，帮助幼儿回忆。 |

在区域游戏活动中，教师从区域创建、材料提供、同伴互动、有效支持等方面思考如何通过环境、材料与幼儿进行隐形互动、有效互动等，教师在陪伴幼儿、观察幼儿、解读幼儿的过程中成为更专业的幼儿教育工作者，也让幼儿在区域游戏活动中通过探索材料、自主游戏、合作提升，不断进步，成为独一无二的自己。

# 第四章 文化体验活动中的师幼互动

文化作为一个民族的历史传承，是民族历史和文明的象征，体现了丰富的文化内涵。这种文化需要一代又一代人的传承与发展，在幼儿课程中融入文化元素是文化传承与发展的重要体现。因此，我们应当通过开发适合幼儿身心发展特点的文化活动来培养幼儿对文化的认同。"三人行"课程将文化体验作为课程内容的重要组成部分，包括艺术表征、科技创新、传统节庆三个部分的内容。（见表4-1）

表4-1 深圳实验幼儿园文化体验活动类别

| 序号 | 类别 | 活动 | 时间 | 文化培养重点 |
| --- | --- | --- | --- | --- |
| 1 | 园所特色活动 | 开学典礼 | 每年9月、次年2月左右 | 爱上幼儿园，爱上集体生活 |
| | | 读书月 | 每年11月 | 热爱阅读 |
| | | 运动会 | 每年12月 | 增强体魄 |
| | | 艺术节 | 每年12月底1月初 | 提升艺术素养 |
| | | 科技节 | 每年3月 | 热爱科技创新，促进思维发展 |
| | | 合唱节 | 每年6月中旬 | 爱唱歌，提升音乐素养 |
| | | 毕业典礼 | 每年7月初 | 感恩教育、向往小学 |
| | | 秋季社会实践 | 每年10月 | 热爱大自然、亲近大自然 |
| | | 家园亲子联欢 | 每年7月中旬 | 增进家园协同育人 |
| | | 休业式 | 每学期末 | 升班，长大一岁，增强自我效能感 |
| | | 晨会 | 每周一 | 升旗教育、主题教育 |
| | | 自助餐 | 每月末 | 仪式感、礼仪教育 |
| 2 | 节事活动 | 传统节气 | 立春、雨水、惊蛰、春分、清明、谷雨、立夏、小满、芒种、夏至、小暑、大暑、立秋、处暑、白露、秋分、寒露、霜降、立冬、小雪、大雪、冬至、小寒、大寒 | 二十四节气当天 | 天文、自然节律和民俗、食育 |

续表

| 序号 | 类别 | 活动 | | 时间 | 文化培养重点 |
|---|---|---|---|---|---|
| 2 | 节事活动 | 传统节日 | 新年联欢会 | 12月31日 | 辞旧迎新，长大一岁 |
| | | | 元宵节活动 | 农历正月十五 | 感受美好、圆满、兴盛、浪漫 |
| | | | 清明节活动 | 农历三月 | 祭拜故去的亲人，培养思念与感恩之情 |
| | | | 端午节活动 | 农历五月初五 | 追怀中华民族的高洁情怀 |
| | | | 中秋节活动 | 农历八月十五 | 感受团圆、团聚、亲情 |
| | | | 重阳节活动 | 农历九月初九 | 尊老、敬老、爱老 |
| | | 法定节日 | 教师节 | 9月10日 | 尊师重教 |
| | | | 国庆节 | 10月1日 | 爱国爱家 |
| | | | 六一儿童节 | 6月1日 | 感受童真、了解儿童权利 |
| | | | 三八妇女节 | 3月8日 | 尊敬、热爱身边的女性 |
| | | | 母亲节 | 每年5月的第二个星期日 | 爱妈妈，培养对妈妈的感恩之情 |
| | | | 父亲节 | 每年6月的第三个星期日 | 爱爸爸，培养对爸爸的感恩之情 |
| 3 | 品牌活动 | 288世界系列活动 288画展、音乐会 童话剧专场、宝宝回家、五彩星 | | 2006至2012年 | "一个都不能少" "让每个孩子都获得成功的体验" |
| 4 | 公益活动 | 植树节、手拉手扶贫、赈灾义演、国际交流、环保活动（红树林、莲花山） | | 不定期 | 培养公益爱心、社会责任 |

"三人行"课程中的文化体验活动，主要基于体验式学习原理而创设，是一种基于实践和体验的学习方法，其核心原理是让幼儿通过亲身体验、观察和反思等方式来获取知识和技能。大卫·库伯（David Kolb）的体验式学习模型是体验式学习理论的代表。库伯在他的著作《体验学习：体验——学习发展的源泉》中提出学习不是内容的获得与传递，而是通过经验的转换从而

创造知识的过程。他用学习循环模型来描述体验式学习。①

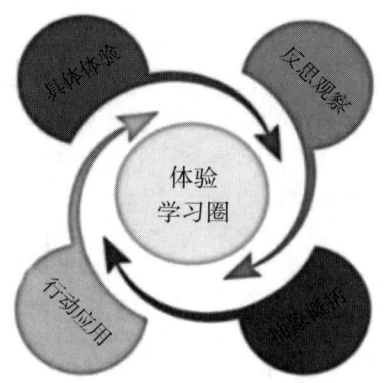

**体验式学习模型**

从体验式学习模型来看，体验式学习大致包括具体体验、反思观察、抽象概括和行动应用四个步骤。因此，在文化体验活动的开展过程中，我们也非常重视为幼儿创造更加具体的情境与体验，以此激发幼儿积极地参与体验，通过对幼儿主体的关注和激励来推动文化活动的开展，并充分重视文化体验活动的反思与总结，进一步提升幼儿的经验。将幼儿积极的文化体验，转化为对幼儿身心健康成长的有益经验。

## 第一节　文化体验活动的激发与准备

体验式学习是一种基于情境的学习，注重将学习内容与实际情境相结合，让幼儿在实际的情境中进行学习，从而更好地理解和应用体验的内容。因此，我们在设计幼儿文化体验活动时，首先，要明白幼儿真实的探索兴趣点在哪里，要持续观察、认真倾听、比较分析，甄别出幼儿的真实兴趣；其次，要为文化体验活动做好充分的情境准备，创设丰富的文化体验环境，激发幼儿与环境互动；最后，要懂得巧妙地设计出体验活动中的任务与问题，

---

① D. A. 库伯. 体验学习：让体验成为学习和发展的源泉 [M]. 王灿明，朱水萍，等译. 上海：华东师范大学出版社，2008.

依托任务与问题驱动幼儿的深度体验。

## 一、兴趣甄别

兴趣固然是幼儿积极参与文化体验活动的第一推动力，但是如何准确地捕捉到这一点，需要教师的研究与甄别。首先，幼儿的探索兴趣可能会导致危险或不适当的行为，如接触危险物品、攀爬高处等，这些都需要教师的引导和监护。其次，幼儿的探索兴趣也可能受观念和环境等因素的影响，需要教师的引导和矫正。也可能是教师自己的主观判断，并不是幼儿真实的兴趣，所以，教师需要持续、全面地观察以及认真地聆听，通过对比分析后做出判断。

### 案例
**大班文化体验活动**

#### 茶艺区的创设

开学初期，大四班教师在教室的柜面上摆放了两饼普洱茶，每天都有孩子过去闻一闻，摸一摸。

"老师，这是什么？"

"闻起来香香的，像森林的味道。"

"我在爷爷家看见过。"

"我家里也有，我爸爸会拿尖尖的东西戳下来，然后泡水喝。"

"我知道这是茶，小朋友可以喝茶吗？"……

经调查，大四班39个孩子中，有36个家里有喝早茶的习惯，但是孩子们对于茶文化知之甚少，于是大四班教师在班级靠近窗户的地方划分出一片区域准备打造一个茶区。最开始，茶区只有一张垫子，一张桌子，几个蒲团和一个柜子，柜子里面放了几罐茶叶，比较简单，孩子们对于班级新出现的这个区很喜欢，成了热门区域。

丁丁：老师，我跟妈妈出去玩的时候在一个饭店喝过一种很甜的茶，我们班有吗？

教师：应该是花茶，但是我们班没有，或许可以问问其他小朋友？

晨间谈话的时候,丁丁把自己想在茶区泡花茶的想法跟其他孩子提起,于是得到了以下回应。

阳阳:我家里有玫瑰花茶,我可以带到幼儿园和大家分享。

谊耀:我家里什么茶都有,我回去找找。

嘉琳:我家里有茉莉花茶。

七月:我家里有菊花茶。

于是,第二天,孩子们带来了各式各样的茶,有花茶、绿茶、红茶,当他们在茶区泡茶的时候,丁丁发现,不同的茶泡出的颜色不一样,味道也不一样。于是,我们通过观看视频的方式来了解各种茶的不同,皮皮提出不同的茶需要用不同的茶具来泡。针对皮皮提出的建议,我们在班级群进行了闲置茶具的招募,原本较为单一的茶区,在孩子们的兴趣驱使之下,变得逐渐丰富起来,每天孩子们在茶区都会有新的发现,教师记录孩子们的问题,然后共同策划组织各种茶艺活动。

兴趣是幼儿最好的老师,案例中教师通过调查了解到班里大多数幼儿的家里都有喝早茶的习惯,教师以此为契机准备创设一个新的活动区域——茶艺区。茶艺区的创设引发了幼儿对茶叶的兴趣,幼儿通过与同伴的交流和互动了解了不同茶叶的特点。教师通过观察、记录了解幼儿的兴趣点,从而使茶文化活动深入开展,达到了良好的师幼互动效果。

茶艺区(1)

茶艺区(2)

 **案例**

中班文化体验活动

## 水墨竹韵

中四班在第二学期的时候开展了"墨上画开"的探究体验,从调整区域到前期书画相关的知识渗透,再到名画欣赏,教师们通过多种方式丰富孩子们对水墨的体验。

有个叫信宇的孩子很特别,从班级开展欣赏中国画的内容时,他就特别喜欢竹子,在尝试绘画的时候他也一直画竹子,翻看他的个人画册也基本上都是竹子。他一开始画竹子的时候笔触比较随意,画的竹子也比较单一,基本上就是一根竹竿上画几片叶子。

教师发现他对画竹子情有独钟后,决定支持他的兴趣,先在绘画区投放了关于竹子的成品绘画册,画册上有各种形态的竹子,信宇很喜欢,他会在分区的时候拿着画册照着上面的样子来画,逐渐他画的竹子的形态也变得丰富起来,遇到很难下笔的地方,他会寻求教师的帮助:"老师,我想画这样的竹子,你会画吗?"教师就利用分区的时间在美工区教他一些画竹子的基本技法,如竹竿的画法,一般从梢起笔,再向根部顺势画出,一笔成一节,节节而下,注意浓淡的变化,画完竿后点节,画枝的时候要注意分左右,不要偏一侧,画叶时要关注多变化,关注构图等。

之后的每天,信宇都会在水墨区进行练习,从他的每一幅作品中都能看到进步,他画的竹子也越来越生动。

对于他喜欢画竹子,而且只画竹子,教师从来没有进行干预,而是选择支持他,将他的作品装裱起来在教室里进行展示,从同伴和教师那里得到了肯定,也促使他的竹子越画越好。在之后的一次闲聊中,教师得知信宇之所以喜欢画竹子,是因为在他居住的小区里有一片小竹林,他每天放学以后都会跟朋友去竹林玩,信宇说那片竹林是他们的秘密基地,在那里有很多快乐的记忆,所以他特别喜欢竹子。之后教师还推荐他观看纪录片《影响世界的中国植物 第五集 竹子》、范景中的书画册《中华竹韵》,希望他可以坚持画竹,在不久的毕业画展上看到他更加精彩的作品。

信宇的竹子画

关注幼儿的兴趣只是教育的起点。幼儿的兴趣不是静止的，而是动态变化的。在教育过程中，不能只停留在对幼儿兴趣的表层回应上。只有树立幼儿兴趣动态发展的意识，教师才能在发现幼儿的兴趣点后，在教育中围绕兴趣推动幼儿的深度学习与探索。

## 二、情境创设

文化体验活动相较于其他类别的活动，更具有综合性、活动性、开放性和灵活性。要想设计策划好文化体验活动，首先，教师要对幼儿的前期经验、发展水平、兴趣爱好有清晰的了解和把握；其次，教师要结合幼儿的兴趣，在与幼儿的互动中共同创设环境。

### （一）文化环境的预设

良好的物质环境为师幼互动提供了物质基础，虽然物质环境并不能直接促成师幼互动，但良好的物质环境可以成为师幼互动的媒介，促进幼儿积极主动行为的出现，使得幼儿有意愿和教师进行互动。文化体验活动重在体验，强调有特点的文化环境对人的浸润和影响。"三人行"课程是基于中国特色的本土化课程，文化体验是课程的重要组成内容之一。基于"三人行"的课程理念，深圳实验幼儿园的环境处处体现着深厚的课程文化底蕴、以幼儿为本的环境设置以及师幼合作交流的和谐状态。

环境的创设是师幼互动的隐性表现。这种隐性的互动，一方面是园所长期的文化环境的浸润，另一方面，始终贯穿在文化体验活动实施的整个阶段。基于课程培养目标及幼儿发展的需要，我们将文化环境的预设分为两类，一是长期的园所文化环境，二是阶段性的动态节庆活动环境。环境富有开放性、想象性、包容性、多元性，暗示、引导幼儿通过多感官体验与环境进行互动和对话。

1. 长期的园所文化环境

"三人行"课程是根植于中华优秀传统文化、立足于儿童立场、聚焦于立德树人的园本课程育人体系。"三人行"课程强调全时空的文化育人，即人、时、空的整体构建，将学习与生活、环境与课程相融合，以文化为外显，将中国天地人和的精神融入环境，从文化创意出发，形成童心、创意、审美的园所文化。（见表4-2）

表4-2 园所整体文化环境

| 环境分布 | 文化元素 | 具体示例 |
| --- | --- | --- |
| 幼儿园整体环境 | 大美天成、大道至简、道法自然 | 环境留白、颜色素雅、生态自然 |
| 幼儿园庭院环境 | 中国园林特点 | 木桥、鱼池、亭廊、盆景等 |
| 幼儿园旧物秘密花园 | 金木水火土 | 玩水区、玩沙区、玩泥区、多肉植物等 |
| 植物种植 | 中草药种植区 | 各类中草药及相关知识 |

有效利用室外场地，中间庭院区域创建欢乐七巧板，边缘的三角地带创建生态养耕区，形成运动、探险的童心活动空间。

欢乐七巧板

灵活设置边界空间，利用藤类植物、地形高低、花盆、栅栏等小设施进行边界划分，有创意地划分出游戏空间。

生态养耕

串接室外景观空间，文字符号、花草树木串接滑梯、跷跷板、亭廊、雕塑。以金、木、水、火、土为元素，打造楼顶秘密花园，形成中国审美的学习空间。

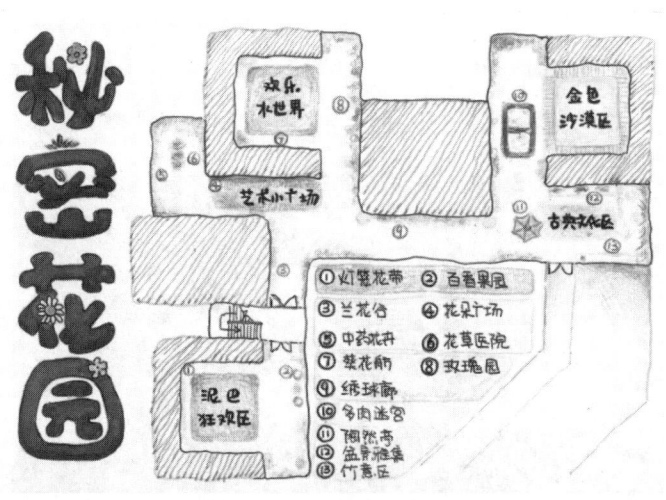

幼儿园秘密花园设计图

秘密花园

2.动态的节庆活动环境

深圳实验幼儿园的文化体验活动分为园所特色活动、节事活动、品牌活动和公益活动。这些活动的共同特点是具有阶段性、时效性，即持续某个时间段的活动，有的为期一个月，有的为期一周，有的仅在当天。因此，在环境预设上，要不断地进行动态调整，在某个时间段内，让幼儿充分体验到当前活动的文化特性。（见表4-3）

表4-3　动态节庆活动环境

| 环境分布 | 文化元素 | 具体示例 |
| --- | --- | --- |
| 走廊拐角 | 二十四节气 | 二十四节气桌 |
| 班级动态环境 | 中国传统文化节庆，如端午节、元宵节、中秋节等 | 传统文化绘本；装饰，如元宵节灯笼、端午节龙舟等 |
| 园所动态环境 | 幼儿园传统活动，如科技节、合唱节、读书月、运动会、艺术节等 | 科技星空庭院、转角遇到书等 |

（1）园所动态活动环境

深圳实验幼儿园的特色活动在建园初期就已经开始开展了，在三十多年的发展中，传承园本经典活动，不断创新丰富活动内容，聚焦阅读、运动、科技、艺术等方面，形成了立足于课程培养目标的系列教学活动。在环境预设上，紧密结合每届活动的主题，潜移默化地渗透相关教育内涵。

 **案例**

**大班文化体验活动**

## 幼儿园里的浩瀚星空

三月中下旬，神州十三号的三位宇航员在太空为大家上了一场精彩十足的天宫课，这极大地激发了孩子们对太空的探索热情和兴趣。恰逢深圳实验幼儿园第31届小小科技节来临之际，孩子们希望能在幼儿园里拥有一片神秘梦幻的浩瀚星空。在科技节筹备会上，大班孩子代表向园长和参会教师表达了这一愿望。

园长：星空是什么样子的？

孩子：有五光十色的星光，在天空一闪一闪的。还有太阳系，太阳系有八大行星，有地球、木星、土星……

园长：那我们可以在哪里打造这样的星空呢？

孩子：中间庭院！

孩子们显然已经在班级教师的组织下充分讨论过可行性方案了。于是，美术专长的可乐老师带着孩子们开始了幼儿园星空的打造工程。

为了呈现出五光十色闪耀变化的星光效果，可乐老师带着孩子们选择各种材料，最终锁定为镭射纸。为了能让光折射点更多，大家尝试着制作各种形状，长方体、圆柱体，甚至是螺旋飘带，星空越来越丰富……

那么，八大行星怎么办呢？幼儿园从网上买来各种规格的泡沫球。可乐老师带着孩子们根据每个行星的不同特点，一个一个涂鸦绘制。画到土星的时候，孩子们说："土星有一圈行星环，应该怎么呈现？"于是，富有创意的孩子们和可乐老师一起涂了很多乒乓球大小的小星球，用竹签插在土星四周，变成了行星环。为了让星空更加逼真，心灵手巧的后勤叔叔们用透明鱼线将星光和星球吊起来。

浩瀚星空出现的那一刻，孩子们仰起头，惊叹着"哇！"

有孩子很快开始辨认八大行星：快看，那个最大的是太阳。

孩子：地球为什么那么小？

小班的欣欣指着土星大喊：快看，牛肉丸星球！

就这样，一场关于星空的探索开始了。教师们因地制宜，带着孩子们一起观察光的折射变换，认识八大行星，进行科学创想手工画。

庭院的浩瀚星空，装进了孩子们的心里、梦里……

**浩瀚星空**

幼儿是环境的主人，也是环境创设的主体。在创设星空的过程中，教师通过一系列的提问引发幼儿的思考。幼儿通过与同伴的讨论确定制作各个行星的材料，在动手操作的实践中丰富了对行星的感性认识，提高了他们的语言表达能力和合作意识。

（2）二十四节气桌

二十四节气是中华民族悠久历史文化的重要组成部分，是我国古代农耕文明的产物，在我国农耕文明中占有极其重要的位置，其背后蕴含了中华民族悠久的文化内涵和历史积淀。二十四节气是安排农业生产、协调农事活动的时间制度，也是中国社会顺天应时的生活指南。它昭示着天地历法自然节律的变化，每个节气都有其独特的含义。节气与幼儿的日常生活息息相关，通过节气活动，幼儿能认识体验季节、气候的特征及变化，了解不同地区的风俗习惯，在潜移默化中传承中华传统优秀文化，为此，教师设计了幼儿园二十四节气桌，形成了园所以传统元素为内容的审美文化。

二十四节气桌

（3）传统节庆活动环境

中国传统节庆有春节、元宵节、端午节、中秋节等，是中国人非常看重的传统节日。人们通过各种传统节日活动，传承中华民族文明的文化基因。传统节日非常注重节日的氛围，如，贴对联才有年味儿，正月十五猜灯谜，端午节要插艾草，中秋节要摆放新鲜的瓜果拜月亮，等等。传统节庆活动的环境预设，为幼儿营造一种节日的氛围，让他们在润物细无声中感受、传承着民族文化。

春节幼儿环境布置

**中秋节灯笼**

**自助餐环境**

### （二）文化环境的互动方式

幼儿主要是通过与环境、材料的互动实现与教师的间接互动，互动主要体现在以下方面。

#### 1. 感受与欣赏

当幼儿置身于一种新的环境中，或者对环境中某种新出现的物品产生兴趣时，环境和材料的种类等能激发幼儿的探索兴趣和愿望，幼儿会通过观察、感受、欣赏获取环境中的隐性信息。这时，教师在环境及物品中蕴含的意图会通过环境及物品传达给幼儿。如，传统文化中的传统色、国画、刺绣、脸谱、节气等要素能带来审美和艺术熏陶，物品、材料的布局、排列也能引发幼儿感知文化的魅力。

### 2. 探索与操作

在欣赏和感受的基础上，幼儿会对环境和材料进行探索或利用。这时，环境和材料对幼儿发展的意义就表现在隐性的互动上。环境中的标识可以指引幼儿正确取放材料，使幼儿获得秩序感；丰富的材料可以支持幼儿的探索和尝试，从而获得心理上的满足和情绪上的愉悦；能引发幼儿与同伴和教师之间的互动，从而促进幼儿语言、动作、思维等方面的发展。

### 3. 丰富与创造

在规划环境空间时，幼儿应当成为积极主动的参与者。教师认真对待幼儿的观点，与幼儿一起创设幼儿喜欢的、富有创意和变化的、自由的环境。

"三人行"课程的一个理念是幼儿是有能力的。让幼儿参与物质环境的改造，能够为学习共同体内重视儿童的看法、认真对待儿童的看法提供有形的证据。[1] 当幼儿对熟悉的环境产生了认同感和归属感后，就会用自己的智慧去丰富和美化环境。在这一过程中，幼儿会获得进一步的成就感和自信心。环境和材料作为幼儿发展的媒介，对幼儿的主动学习起到了关键的支持作用，幼儿正是在与环境和材料的互动过程中，获得动作、语言、社会性、科学、艺术等多方面的发展。

## 三、巧妙设计

体验式活动重在幼儿的参与、体验和运用，因此，在活动设计中，往往会设计一个任务，以完成这个任务作为活动的整体推动。根据某个主题，设计某个任务，通过这个任务的驱动，来促进幼儿的体验与反思。幼儿在完成任务的过程中会面临各种问题、障碍，他们通过自我努力和团队协作的方式，解决问题，完成任务，从中得到成长。为了激发幼儿的参与性和好奇心，也为了让整个体验活动具有趣味性，在我们的文化体验活动中经常会把这些任务设计成一个个游戏。

深圳实验幼儿园科技节是每学年最重要的文化体验活动之一，截至 2023 年已经举办了 32 届。通常科技节上的各类活动会持续 3—4 周，类型有展演

---

[1] 艾莉森·克拉克. 倾听幼儿——马赛克方法 [M]. 刘宇, 译. 北京：中国轻工业出版社，2020.

式、体验式、创作式、探索式。(见表4-4)通过各种类型的活动,激发幼儿对科学的兴趣和探究热情。

表4-4 幼儿园文化体验活动时间表

| 时间 | 活动 | 场地 |
| --- | --- | --- |
| 4月5日—4月25日 | 班级开展科技节项目合作学习 | 各班教室 |
| 4月11日—4月25日 | "灯泡大咖秀"体验活动<br>科学分享会<br>创客作品展示、评比活动 | 各班教室 |
| 4月8日—15日 | 故事妈妈讲科学小故事 | 各班教室 |
| 4月18日—20日 | 电线侠体验活动 | 各班教室 |
| 4月18日 | 科技节开幕式 | 大操场 |
| | 体验活动(3D打印、3D体感眼镜等) | 小剧场 |
| 4月19日 | 观看科学小电影 | 小剧场 |
| | 小班创客大观园 | 大操场 |
| 4月20日 | 讲座:创客教育与创客文化 | 小剧场 |
| 4月21日 | 蔡伟忠博士创客教育展示活动及现场互动 | 小剧场 |
| | 科技串烧秀、灯泡大咖秀、生命基因大体验、机器人操作体验 | 大操场 |
| | 无人机、车模表演 | 大操场 |
| | 创客作品展览 | 二楼创客中心 |
| 4月22日 | 中大班创客大观园 | 大操场 |
| 4月25日 | 科技节闭幕式 | 大操场 |

在文化体验活动中,除了设计相应的游戏任务,还需要合理地设计活动的开展环节,因为幼儿的注意力是有限的。我们应当以幼儿的心理特征为依据,以动静结合的方式、以适宜的节奏设计活动环节,特别是能增强幼儿自主探究能力的环节,能激发幼儿参与的积极性。其中,总结回顾环节的目标是让幼儿能对活动进行重新思考,从而让幼儿的学习经验得以提升。如,开学典礼晨会结束以后,教师组织幼儿进行复盘和讨论。

## 案例

**大班文化体验活动**

### 我们的开学典礼

九月,恰值深圳实验幼儿园 30 周年华诞,我们和 Super[①] 一起倾情上演了一场"WE ARE SUPER"的主题晨会,用智慧点燃新学期的开始。

俗话说好事多磨。这场筹划了很久的开学典礼,在一次又一次的排练当中经历了诸多的考验:天气、场地、人员安排等,但是,功夫不负有心人,最终通过大家的共同努力,圆满完成了这场开学典礼,其中付出的不止有汗水和时间,还有数不尽的对幼儿园、对班级深深的爱。活动结束后,孩子们纷纷就此次开学典礼表达了自己的感受和对未来的期许。

图图:轻松。

立力:紧张。

蔓蔓:激动。

汸汸:饿了。

恩诚:感动。

叶梓、阳阳:开心。

毛毛、欣妍:高兴。

想想:麻烦,每天都要排练。

晶晶:快乐,音乐伴奏很响、很棒。

攸攸:新园服,很漂亮。

墨墨:最后的小红球很好玩!

毛毛:而且小红球可以回收利用,好清理,很有创意。

田田:和小朋友一起跳舞很开心,快乐好玩。

浩轩:大米老师哭了,很激动,只彩排了一次就上场表演了。很给力!很顺利!很幸福!

---

① 一种吉祥物。——作者注

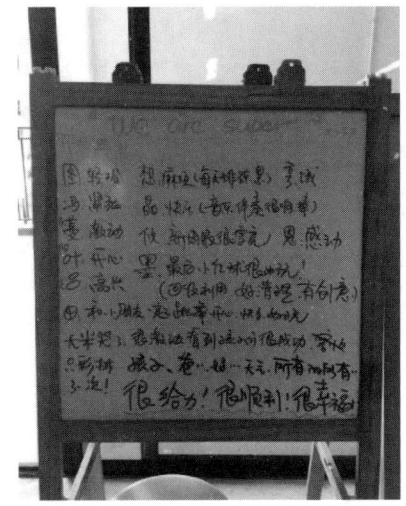 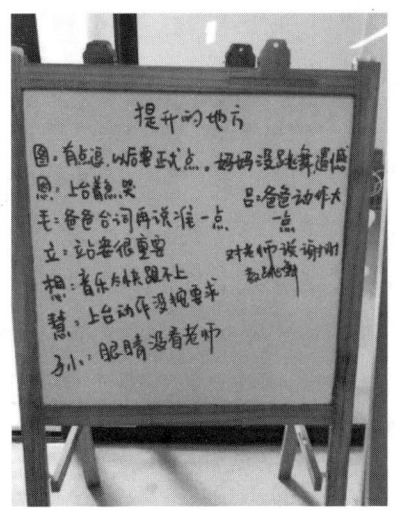

作为台上卖力的小演员,收获了很多小观众的掌声和喝彩声,小中班的弟弟妹妹们也有话对我们说……

小小米:好看!不好看!好看!不好看!……哈哈,好看啦!

泽新:很羡慕别人能在七巧板上表演。

欣怡:舞狮子很开心,很搞笑,可以变出很多东西。

美龄:看跳舞很开心。彩虹裙子,我喜欢她们穿这种裙子。

铭辰:跳舞帅气。

灏颐:小胖子(吉祥物 Super)太肥了,小种子越长越大。

教师:未来我还可以做得更好!

乐乐:跳舞的时候,眼睛要看着老师。

立力:主持人的站姿很重要。

毛毛:爸爸说台词的时候可以再说得准一点。

恩诚:上台的时候有点着急,想哭,可以再多排练一下。

图图:主持排练时有点逗,以后要正式点。还有就是妈妈没跳舞,有点遗憾!

欣妍:爸爸跳舞的时候,动作可以再大一点。

潘慧:大家跳舞时,动作要统一。

想想：音乐太快了跟不上，要多练习一下。

孩子：老师教会我们跳舞、带我们一起排练节目，我们想对老师说一声"谢谢"。

孩子、家长、教师们的努力仍历历在目，这次晨会我们收获了付出的欣慰和成功的喜悦，教师们也有话想要说一说。

教师：这次在七巧板上表演是我们班在园三年中最重要的一次演出。在排练期间，正值深圳雨季，连续下雨半个多月，我们不得不将排练场地改到室内，并提前预设室内、室外两个演出方案。在正式演出当天早上，在串演一次的情况下，我们齐聚在七巧板上，为全园师生、家长献上了我们最有诚意的舞蹈。孩子们临场的应变能力，家长们的高度配合，老师们的默契合作，让我们共同为这历史性的一刻画上了圆满的一笔。感恩生命中所有的遇见，感恩这次的经历，让我们不断成长，让我们懂得了人生的幸福因而倍加珍惜！

总结回顾是幼儿教育活动中不可或缺的重要组成部分，能促进幼儿思维、语言及读写能力的发展，能帮助幼儿回忆、反思和应用已经学习的经验。教师要针对总结回顾环节进行深入研究，同时还需要将幼儿的天性展现出来，这样才能进一步提高幼儿的综合能力。

## 第二节　文化体验活动的开展与推进

体验式活动是一种幼儿主导的活动，强调幼儿的主动性和参与性，让幼儿在体验过程中去发现、尝试、探索与发现。"三人行"课程中的文化体验活动，虽然体验的主题大多是预设的，但在开展与推进的过程中，幼儿仍然是主体。每一名幼儿的行为表现、每一名幼儿的兴趣所在、每一名幼儿的参与状态、每一名幼儿的成就感与获得感是教师的关注重点。因此，在文化体验活动的推进过程中，教师应当充分关注边缘者，利用主导者，创造成就感。

## 一、关注边缘者

在文化体验活动过程中,关注边缘者非常重要,这是因为他们通常是比较内向、羞涩或者自卑的幼儿,他们需要更多的支持和关注才能融入活动,才能感受到团队合作的意义和满足感。同时,如果我们忽略了边缘者,他们在活动中可能会变得孤立无援,从而导致他们对活动失去兴趣,甚至产生排斥参与集体活动的想法。因此,在活动过程中,我们应该密切关注边缘者,引导他们找到适合自己的角色和活动,鼓励他们与其他成员互动,在活动中得到充分的参与感和成就感。这样可以帮助他们克服自卑感,更自信地面对困难和挑战,从而在全面发展中得到更多的机会。

 **案例**

### 中班科技节闭幕式晨会表演

一年一度的科技节就要结束了,我们班承担了本次科技节的闭幕式晨会,这也是孩子们的第一次晨会表演。为了充分调动孩子们的热情,教师给予了孩子们极高的自主选择空间。

在晨间谈话时,教师邀请孩子们参与晨会节目策划。教师为孩子们提供了两个方案,让他们自由表达,投票选择。教师发现,在展示不同节目方案的时候,小方并没有表现出任何兴趣,也没有参与投票。晨间谈话结束后,教师跟小方聊起晨会时问:"那两个舞蹈,你更喜欢哪个呢?"小方把头扭向一边,默不作声。

在排练节目的时候,小方没有直接拒绝,但是不看教师的示范,不听教师的指令,也不配合。到了后面,他甚至开始四处走动。教师发现小方对于集体表演节目缺乏兴趣,于是上前引导:"小方,我觉得蒋教师在凳子上展示体操好厉害,你也上去试试吧?"小方摇摇头说:"这有什么厉害的。"教师站上凳子说:"上来感觉不一样呦。"小方依旧无动于衷。小方是一个逻辑思维缜密、语言表达能力特别强的孩子,但对运动的喜爱不是特别明显,并且动作发展方面需要教师的特别关注。教师根据自己对小方的了解,知道他对于椅子体操的兴趣很低,而且频繁上下椅子的表演对他而言有一定的难度。

教师回想起科技节以来，小方在班上积极参与了两项展示活动，分别是讲述科学家的小故事以及演示科学小实验。于是，教师问道："前两天，你在班上展示的人造雪实验，讲得特别清晰，你在家是怎么练习的？"小方眼睛一亮，自豪地回答："我哥哥带着我做了一次，我自己也做了一次，都成功了，我就记住了。"教师点头赞许道："有哥哥的示范，你自己又巩固了一次，因此，你对实验流程非常熟悉，在演示时能非常流利地讲解。"听完教师的称赞，小方笑了。教师话题一转，问道："我们的晨会表演，你想参加吗？"小方听到晨会，眼神闪躲，摇摇头，不说话。教师继续说："如果让你在舞台上给全园小朋友们展示科学小实验呢？"小方疑惑地看着教师，没有回答。

教师确定小方是愿意参加班级晨会表演的，只是必须找到与他兴趣和能力高度匹配的表演项目，而实验展示是他可以接受的内容。这次晨会是孩子们在园的第一次晨会，必须让每个孩子的首次登台都是一次成功的体验。秉持这个原则，班级教师准备增设一个节目——科学小实验，并着手联系资源。

晨会是班级的集体活动，展示的是班级集体的精神风貌。因此，教师在全班孩子中遴选小小科学家。条件是：一在科技节上曾在班上展示过小实验，二能够自信大方地自我推荐。如教师所料，小方勇敢地站上台，声音洪亮地向大家进行自我推荐。最终，通过孩子们的投票，包括小方在内的四个孩子成为小小科学家的小演员。热烈的掌声响起的那一刻，小方露出了灿烂的笑容，来自班级同伴的认可带给他莫大的成就感。

为了保证实验的演出效果，我们邀请了校外科学机构共同演出。每次机构来园彩排，小方都认真地聆听并观看机构教师的实验，积极协助机构教师操作实验。为了让孩子们更好地进入角色，我们还准备了一身科学家的行头，提前录好了对白。一切准备就绪，小小科学家们可以上台展示了。

每名幼儿都是独立的个体，都有着不同的性格特点和气质类型。教师在组织活动的过程中要充分给予幼儿安全感，给予幼儿展示自我的机会，调动幼儿的主观能动性，帮助幼儿树立自信心，让幼儿在自己已有经验的基础上有所提升。

## 二、利用主导者

文化体验活动中的主导者通常是比较具有领导才能和组织能力的幼儿。这些幼儿通常可以很好地融入整个活动过程，执行活动中的任务，带领其他幼儿一起投入活动。对于活动中的问题，也总是积极地思考解决方法。文化体验活动中的主导者往往还具备一定的沟通能力和较好的合作能力，能够在活动过程中有效地协调与他人的关系。

因此，在文化体验活动过程中，利用主导者是非常重要的。我们应该重视主导者的作用，积极与他们合作，充分发挥他们的作用，以增强活动的质量和效果。同时，我们也要避免过度依赖主导者，应该维护整个团队的平衡和稳定，让每个成员都能够得到应有的支持和关注。

**小班文化体验活动**

### 艺 术 节

艺术节期间，班级进行了"每日小歌星"的展示活动。小班上学期的孩子在集体展示活动中一般较为被动，需要教师的鼓励和引导，同时也会因为同伴而受到影响。

班级"每日小歌星"活动已经进行了三天，前三天只有两个孩子报名参加。今天中午餐前的"每日小歌星"活动，安安带来了歌曲《白龙马》，当音乐响起时，在场的孩子们纷纷随着音乐小声哼唱起来，安安拿着话筒声情并茂地演唱歌曲，其他孩子也跟着他一起歌唱。教师见到这热烈的演唱氛围，便随着音乐节奏拍手，在场的孩子们也跟着教师的节奏拍着手。

安安演唱结束后，大家用热烈的掌声表达对安安演唱的喜爱。接着丁丁举手说道："老师，我也会唱《白龙马》。"教师听到后便笑着问道："你也想上台展示一下，是吗？"丁丁笑着点点头，教师做了一个请他上台的手势，丁丁小跳着脚步来到前面。音乐响起，丁丁手拿话筒大方自信地面向孩子们演唱了歌曲《白龙马》，台下的教师和孩子们继续跟随着音乐有节奏地拍手、歌唱。

丁丁的演唱激起了其他孩子的表演欲望，灵灵说："老师，我也想唱。"教师说："请问你想唱什么歌呀？"灵灵说："我想唱《番茄》。"随后教师请灵灵上台演唱了歌曲《番茄》，演唱结束后灵灵笑着放下话筒回到座位上。其他孩子仍然想要演唱，教师说："看来大家都喜欢唱歌，但是'每日小歌星'的展示时间有限，如果你们还想展示的话，可以请爸爸妈妈帮你报名参加。"

接下来的几天，"每日小歌星"的报名都满满当当，有的孩子继续演唱《白龙马》，有的演唱其他歌曲。区域活动时，孩子们也会在表演区自发演唱《白龙马》，阅读区热衷于翻阅《大闹天宫》的绘本，这不仅带动了孩子们的表演欲望，同时也让他们爱上了中国传统文化。

我国著名教育家陶行知先生提出并实施了"小先生制"，他认为儿童不仅仅是知识的接受者，还可以是知识的传授者，儿童边学边教，现学现教，教学方式与学习方式互为一体，相得益彰。儿童在学前期的典型表现就是模仿，能力较强的幼儿可以带动能力较弱的幼儿，从而达到共同发展的目的。

### 三、创造成就感

幼儿在文化体验中的成就感主要来源于三个方面。一是来源于活动任务的达成，或问题的解决。幼儿在完成任务或者达成目标时，会有一种成功的喜悦和成就感，能够增强幼儿的自我效能感和自信心。对于幼儿来说，任务和目标需要合适的难度，既不太容易也不太困难，以符合幼儿的能力水平，同时需要有指导和支持。二是来源于幼儿的自我探索和创造，幼儿在自我探索和创造中，会发现新的事物和想法，创造出他们自己独特的作品，体验到自我创新的喜悦。三是来源于他人积极的反馈和肯定，幼儿在活动中得到他人的肯定和鼓励，能够让幼儿感到被关注和重视，收获成功的喜悦和成就感。这种反馈和肯定可以来自教师、家长和同伴，是幼儿成长过程中不可或缺的一部分。

因此，要想让幼儿在文化体验活动中获得成就感，我们就应当从以下几个方面努力。第一，提供合适的挑战：这些挑战应该与幼儿的兴趣和能力水平相符，让他们充分发挥潜力，同时也要注意让他们充分感受到成功的喜悦；第二，鼓励探索和试错：让幼儿尝试新事物和想法，鼓励他们自由探索和发现，同时允许他们犯错和失败，这样可以增强幼儿自我评价和改进的能力；第三，受到帮助时及时肯定：当幼儿在体验式活动中受到他人帮助时，及时肯定和感谢这些人的帮助，可以帮助幼儿更加积极地拥抱团队合作，同时也可以培养幼儿的感恩之心；第四，提供反馈：给予幼儿及时的反馈，让他们了解自己的优点和不足，并且指出可以改进的方面，帮助幼儿不断进步，从而增强自信心和成就感。

总之，幼儿的成就感是在不断的体验、探索、尝试和犯错中逐步形成的。我们应该在幼儿的文化体验活动过程中不断关注他们的表现和需求，适时地提供支持和鼓励，并且赞扬幼儿的努力和成就，让他们能够感受到自己的成功和快乐，从而在全面发展中达到更高的目标。

## 第三节　文化体验活动的反思与总结

体验式学习注重幼儿在学习过程中的反思和总结，没有反思与总结的体验式活动是没有意义的。因此，反思与总结是文化体验活动中非常关键的一环，它能够推进幼儿的经验建构，将体验沉淀为经验，将个体经验转化为团队经验。具体来说，反思与总结具有以下几个方面的意义。

第一，反思与总结可以促进认知和思考。通过反思与总结，幼儿可以更深入地理解想法和信息，对自己的认知也会更深一层。在这个过程中，他们可以更好地思考问题的要素，提高自己分析问题和解决问题的能力。

第二，反思与总结可以促进合作和学习。通过反思与总结，幼儿会更好地了解团队成员的想法和行动，体会到团队协作的必要性和重要性，增强合作的意识和情感。同时，还可以从活动中获得新的知识和经验，取得新的突破，并与同伴分享这些成就。

第三，反思与总结可以激发创造力和创新精神。通过反思与总结，幼儿可以提高对问题、想法和情况的敏锐度与洞察力，无形中也会提高创造力和创新精神。不断地解决问题和应对挑战可以帮助培养幼儿应对未知的自信和勇气，提高幼儿面对未来的应变能力。

综上所述，通过反思与总结可以潜移默化地促进幼儿的成长和发展，使幼儿更加积极、自信和独立。教师在组织幼儿进行反思与总结的过程中，可以使用以下方法。

## 一、成功导向法

成功导向法提问是一种聆听、询问和沟通技巧，在文化体验活动中，它的目的是通过积极的问题来引导参与体验的幼儿思考、分析和解决可能存在的问题和挑战。与其他提问技巧不同，成功导向法提问不是通过提出问题来发掘问题的原因或过失，而是寻找幼儿已经取得的成功，并且从这些成功中激发幼儿自身的潜能和动力。

成功导向法的问题通常是开放性的，目的是鼓励幼儿分享他们曾经取得的成功和成就，并且发掘这些成功和成就背后的秘诀。这些问题不仅仅是鼓励幼儿感到自豪和满足，同时也可以帮助幼儿找到成功的经验与方法。成功导向法可以充分激发幼儿的分享热忱。成功导向法的提问与常规提问的不同点如表4-5所示。

表4-5　常规问题与成功导向问题对比

| 常规问题 | 成功导向问题 |
| --- | --- |
| 你从这个活动中学会了什么？ | 你从这个活动中获得了哪些成就？ |
| 你想怎样改善？ | 哪些长处可以让自己发挥得更好？ |
| 下次你如何改进和进步？ | 你有什么成功的秘诀？ |
| 这次你吸取了什么教训？ | 你觉得哪些经验是有用的？ |

**案例**
中班文化体验活动

### 读 书 月

每年的11月是深圳市的读书月，也是深圳实验幼儿园的读书月。在读书月中，幼儿园的大朋友、小朋友们会参与各项活动。如，读书打卡、图书义卖、最喜欢的一本书评选、童话剧演出等。孩子们浸润在浓郁的阅读氛围中，一颗颗爱读书、好读书的种子在悄悄萌芽。读书月有这么多活动，孩子们在这个月中有哪些感受，又有哪些收获呢？

教师：你在读书月的活动中做了哪些事呢？获得了哪些成就呢？

丁丁：看故事书、童话剧。最喜欢童话剧里的《小蝌蚪找妈妈》，因为我很喜欢这个故事。

硕硕：我在小剧场看了很多表演，我最喜欢的是孙悟空的表演。

堃堃：看书、爸爸给我讲故事。我最喜欢的是爸爸给我讲故事。

睿睿：和妈妈在家里看书了，我特别喜欢看书，看书能学到东西。

萱萱：买书、在家里阅读打卡、妈妈讲故事。最喜欢买书，因为可以买到自己喜欢的书。

骐骐：听大班哥哥姐姐讲故事、在家看喜欢的书。最喜欢大班哥哥姐姐讲故事，好听。

萱萱：我要去中一班讲故事、在家里每天阅读绘本。给弟弟妹妹讲故事，教会他们不会做的事情。

怡怡：在家练故事、爸爸妈妈讲故事、在班级看书。

俊俊：图书义卖、讲故事。参与了图书义卖，可以把钱捐给山区的小朋友。

读书月表演活动

读书月朗诵活动

教师：你觉得哪些经验是有用的？怎么向更多的人宣传我们的读书月活动？

鑫鑫：写信给她们。

杰杰：做海报宣传，印刷成报纸卖出去。

怡怡：告诉小班的小朋友。
域域：把读书月内容写成诗。
俊俊：把读书月内容写在一张纸上，贴在每个班级门口。
鸿鸿：打电话去说、发微信去说。
域域：把书当成礼物送给别人。

教师学会以平等、开放的态度耐心倾听幼儿的表达，才是真正地帮助幼儿探索、发现和成长的开始。在鼓励幼儿表达的过程中，让幼儿发现自己的成功，从而树立自信心，使幼儿在集体生活中感到温暖，心情愉快，形成安全感和信赖感，从而建立良好的师幼关系。

## 二、六色思考法

六色思考帽提问法是爱德华·德·波诺（Edwatd de Bono）在《六项思考帽：迅速搭建智力资本扩张的平台》[①]一书中提出的一种讨论及决策的技巧，它鼓励人们在讨论中用六项不同颜色的思考帽代表六种不同的思考模式（见表4-6），不同的思考模式对应不同的问题形式。

表 4-6　六色思考帽思考模式

| 颜色 | 关注问题 |
| --- | --- |
| 白色 | 关注事实和信息，分析问题的现实情况和实际数据 |
| 红色 | 关注情感和主观感受，表达自己的感情、想法和观点 |
| 黑色 | 关注逻辑和负面影响，分析问题的缺陷和风险，避免错误和不良结果 |
| 黄色 | 关注优势和机会，尝试看到问题的积极方面和潜在机会 |
| 绿色 | 关注创新和创造力，提供新颖的观点和想法，鼓励创造性的解决方案 |
| 蓝色 | 关注控制和管理，负责组织和引导讨论的进程，确保所有参与者都有机会的发言，确保讨论顺畅进行 |

---

① 爱德华·德·波诺.六项思考帽：迅速搭建智力资本扩张的平台[M].冯杨,译.北京：北京科学技术出版社，2004.

在使用六色思考帽提问法（见表4-7）时，参与者在不同的时间戴上不同颜色的思考帽，代表到达不同的思想领域，从而有助于提高思维的深度、广度和创造力。如，在讨论一个问题时，教师可以先让幼儿通过白色思考帽收集相关的信息和事实，换上红色思考帽来分享他们的情感和观点，再戴上黑色思考帽分析问题的缺陷和限制，戴上黄色思考帽寻找优势和机会，最后戴上绿色思考帽来提供新颖的方案和观点。讨论的整个过程都由蓝色思考帽负责管理和引导。

表4-7 六色思考帽提问法

| 颜色 | 目的 | 问题形式 |
| --- | --- | --- |
| 白色 | 关注事实 | 回顾刚才发生了哪些事？ |
| 红色 | 关注情感 | 大家对刚才的活动满意吗？ |
| 黑色 | 批判反思 | 哪些环节是我们需要改进的？ |
| 黄色 | 关注价值 | 哪些环节对活动的成功有积极作用？ |
| 绿色 | 关注创意 | 得到哪些感悟和启示呢？ |
| 蓝色 | 理性规划 | 接下来我们将准备怎么做？ |

## 案例

**小班文化体验活动六一儿童节**

一年一度的国际六一儿童节来啦，深圳实验幼儿园的孩子们个个乐开了花儿。过六一真好，有合唱节，可以和小伙伴们一起欢唱；有自助大餐，可以大快朵颐；还有足球赛、泼水节等。在活动结束后，教师利用六色思考帽提问法针对儿童节开展的活动与幼儿进行了讨论。

教师：儿童节的活动结束了，哪些活动给你们的印象最深呢？（请孩子们戴上白色思考帽）

后腾：在幼儿园吃自助餐，我最喜欢吃鸡翅、薯条。

文龙：我在家做鸡蛋浮起来的实验。

泳钧：和君君一起参加足球赛。

君芒：妈妈和外婆带我去马尔代夫玩。

倩瑶：妈妈送了我一辆消防车。

喜儿：爸爸合唱团唱的歌很好，我爸爸还得奖啦！

教师：小朋友们说了这么多自己喜欢的活动，那大家对这些活动满意吗？（请孩子们戴上红色思考帽）

后腾：满意，我最喜欢吃啦。

文龙：鸡蛋浮起来的实验，很有意思，我喜欢。

泳钧：我喜欢和君君一起玩。

君芒：满意。

倩瑶：我很喜欢消防车。

喜儿：想和爸爸一起唱。

教师：下一个六一儿童节，你们想怎么过呢？（请孩子们戴上蓝色思考帽）

后腾：我们一家人想去台湾玩，从香港坐飞机去台湾。

文龙：要是爸爸有空，想让爸爸带我去游乐场。

泳钧：我还想去大甲岛玩一下。

君芒：满意。

倩瑶：想让妈妈带我去游乐场玩。

喜儿：我想爸爸带妈妈、弟弟和我去看我哥当特种兵。

六色思考法将幼儿思维的不同方面进行了拆解，取代了一次性解决所有问题的做法，帮助幼儿关注事实信息，分析回顾经历过的事件，重视幼儿逻辑思维、创造力的培养，在一定程度上也可以锻炼幼儿的组织管理能力。

## 三、关系反思法

关系反思法是一种用于帮助解决和理解人际关系问题的方法。该方法帮助人们从不同角度审视自己和他人之间的相处方式，以促进人际关系的改善和发展。在"三人行"课程中，关系反思法有助于培养幼儿的合作探究能力。

关系反思法的基本概念是在某些关系出现问题的时候，通过自我反省来管理和改善这些关系。这种方法通常涉及五个步骤。

第一，确定问题。识别出可能存在的问题或冲突。

第二，反思情境。回忆触发关系问题的情境，形成具体、客观的事实。

第三，表述情感。将自己在这种情境下的感受告诉他人，不要指责和否认。

第四，反思个人行为。审视自己在情境中的行为，找出哪些做法可能会升级问题，哪些可能会改善问题。

第五，探讨解决办法。与对方讨论共同的目标，并合作确定一个解决方案。

关系反思法通常面向多种社交阶层，如家庭、朋友、同事或者校园社交等。通过这种方法，人们可以更好地了解他们的行为对他们和他们的关系产生的影响，并采取行动来改善这些关系，从而增加更多的理解和互动。

## 案例

**中班文化体验活动**

### 班　会

**第一步，确定问题。**

教师：我们的班会开始了，最近小朋友们在玩的时候与小伙伴抢玩具，不懂得分享，我想请小朋友说说事情的经过。

浩浩：我在建构区玩，想要小汽车在我搭的桥上开，但是小汽车被天天抢走了，我很生气。

天天：我先玩的小汽车，不想给他玩。

**第二步，反思情境。**

教师：请小朋友们一起想一想为什么浩浩和天天会争抢小汽车？

强强：因为只有一辆小汽车。

正正：他们都想玩小汽车。

庆庆：他们不懂分享。

**第三步，表述情感。**

教师：请浩浩想一想，如果你是天天，你正在玩小汽车，突然浩浩把你的小汽车拿走了,你高兴吗?也请天天想一想,玩具是不是要大家一起分享?

浩浩:我会不高兴。

天天:应该分享。

第四步,反思个人行为。

教师:我们再玩游戏,有好玩的玩具,要大家一起玩吗?

全体:要一起玩。

第五步,探讨解决办法。

教师:如果下一次有小朋友争抢玩具,你们有什么好办法吗?

正正:老师可以多准备一些玩具。

庆庆:可以让一个小朋友先玩,然后再让另一个小朋友玩。

强强:大家一起玩。

关系反思法不仅将问题进行了拆分,还培养了幼儿主动思考和解决问题的能力,让幼儿的自信心从一次次成功解决问题的体验中获得提升。

### 四、四步总结法

体验式活动的总结是升华经验的一环。在文化体验活动中,我们将总结分为四步,分别是:聆听、反射、澄清与迁移。

第一步,聆听:让发言者感受到你在认真听,传递真诚与信任的力量。

第二步,反射:表达出你理解的发言者的内容,让发言者知道你是否听懂。

第三步,澄清:帮助发言者表达自己的想法,让其他听众听懂发言者的内容。

第四步,迁移:通过整理、反思、顿悟、提升活动中获得的体验,将其转化为有用的经验,并迁移到生活中去,以拓展活动所设定的目标。

## 案例

**中班文化体验活动**

### 清 明 节

清明作为二十四节气之一，也是中华儿女缅怀逝去的亲人的传统节日。在孩子们心中，清明节是个什么样的节日呢？让我们一起来听听孩子们是怎么理解的吧！

清明节文化体验活动

**第一步，聆听。**

教师：你认为什么是清明节？清明节是什么样的？

波罗：清明节就是纪念去世的亲人的节日。

萱萱：是放假的节日。

顺顺：是人死了的节日，要去烧纸钱。

麒麒：是扫墓的节日。

璟璟：是可以散散步的节日。

**第二步，反射。**

教师给予孩子们肯定的回应。

**第三步，澄清。**

教师：小朋友们说清明节就是纪念去世的亲人，放假要去扫墓的日子。

教师：小朋友们说清明节也是一个外出踏青的日子。

**第四步，迁移。**

教师：我们如何表达对去世的亲人的思念呢？

璟璟：看他的黑白照。

土豆：准备他以前喜欢的东西，让风婆婆吹给他。

子馨：给他写信，让风婆婆帮忙把信吹到天堂去。

浩然：看看他的照片，回忆他的样子。

迦迦：我想送蛋糕给他，让太阳公公照亮，他就能看到了。

千乐：画一幅画送给他。

通过幼儿的讨论，教师组织了纪念去世的亲人的活动，孩子们选择了各种丰富的材料，有的画画，有的做手工……

教师对幼儿的倾听是教师吸收与幼儿相关的信息的过程。没有倾听就没有理解，没有理解就无法沟通。四步总结法，从倾听幼儿的声音开始，在幼儿表达的过程中教师给予反馈，帮助幼儿表达内心所想，以此完成经验的迁移与提升。

第五章 师幼互动能力的提升路径

师幼互动能力影响着教师和幼儿之间的沟通、交流和互动的质量和程度。2022年，教育部颁发的《幼儿园保育教育质量评估指南》将"师幼互动"作为教育过程质量考核的重要指标，强调要为幼儿创设自主愉悦、获得有效教育支持的互动环境。师幼互动成为影响幼儿园教育质量的关键要素，是幼儿园教育目标得以实现的重要保证。教师作为师幼互动中的主体之一，具有专业的教育经验和知识，有责任通过参与幼儿的学习和生活，为幼儿发展提供有效的支持。

因此，我们在"三人行"课程的实施过程中，一直将"师幼互动"作为评价课程实施质量的重要指标，高度重视师幼之间的互动关系与互动质量。同时，基于"三人行，互为师"的理念，将教师的能力提升摆在核心位置，管理者应建构高质量的师幼互动文化与生态，教研员应提供专业的理念引领与技能支持，教师应强化持续的自我反思与互动学习。

## 第一节 管理者：建构师幼互动的文化与生态

幼儿园良好的教育质量离不开园长的领导与管理者的指引，幼儿园的发展理念与规划是重要的影响因素，它决定着一所幼儿园是否有正确的办园方向。尊重平等，建设富有互动性的园所文化；全园皆师，发挥每个人的长

园所环境

处；互相为师，营造正向鼓励的互动氛围；做好顶层设计，搭建师幼互动能力分层培养体系，是管理者职责中的重要内容。

## 一、尊重平等，建设富有互动性的园所文化

幼儿园文化是教育实施的灵魂，是一根看不见的线，常常能久远、深入地影响一所幼儿园的教育实践，同样对教师在师幼互动过程中的行为举止和价值观念也具有稳定、连续的影响。如果一所幼儿园的文化习惯于苛责和指责，没有强调尊重每一个人，不允许个性和差异，那么教师在处理幼儿的不当行为时，会以武断的方式进行批评式教育。

作为管理者和领导者，园长一定要站在更高的位置上，用长远且深入的眼光系统思考园所文化的传承和建设。从某种意义上来讲，师幼互动的过程，其实也是师幼之间进行文化创造的过程。教师和幼儿在地位上是对等的，是互为主体的，不论任何一方都可以向另外一方发起互动，这时候，文化在二者之间的流动就产生了。

幼儿的身心发展处于非常敏感的阶段，当园所文化和氛围是安全、温馨、充满爱意的，幼儿与教师之间就会形成更加积极的强纽带关系。在安全、有归属感的精神环境下，幼儿能更加勇敢积极地去冒险、探索、发现，获得成就感、胜任感，从而形成自主的学习习惯，这会影响其一生的发展。

### （一）师幼互动要把"人"的需要放在最中央

美国心理学家马斯洛认为，人有一系列复杂的需要，按优先顺序可以排成阶梯式层次，分别为生理需要、安全需要、社交需要、尊重需要和自我实现的需要五类。要关怀和帮助教职工，首先要了解他们的需求。把"人"的需要放在最中央，就是要尊重人的需要，关注人的心理建设。

在深圳实验幼儿园，我们一直把"人"放在最中央。为了让每一位教职工都有一个健康的心理状态，我们特别建设了一个教师心理社团。我们会不定期地邀请心理专家和教师们面对面交流，听听他们的心里话，也会举办例如图画心理分析、积极心理学、埃里克森人格发展阶段等内容的学习，不断剖析和重新认识自己。

教师责任之重大是不言而喻的，作为管理者，也希望幼儿园的教师们不

会因为繁忙的工作和生活的压力而影响了他们的心理状态,能以积极阳光的心态面对工作和生活。当教师被看见、被尊重、被理解了,教师才会无条件地积极关注每一名幼儿,每天一个拥抱、一个问候、一句鼓励都会让幼儿感受到被爱、被重视、被认可。只有这样,师幼互动才能真正做到有的放矢,幼儿才能获得充足的发展。

### (二)让幼儿成为文化的创造者

在园所文化的建构中,管理者要把握好儿童文化和儿童发展,以此来明确园所理念、愿景、儿童观、教育观。儿童引领园所文化的建构,管理者首先要确立儿童文化在幼儿园教育实践中的主体地位,明确儿童文化的内涵及其对幼儿发展以及幼儿园教育的作用和意义,要使幼儿园办园理念具有鲜明的儿童文化特色。

幼儿园文化作为促进幼儿园内涵式发展的重要依托具有多种表现形态,儿童文化只是其中一种,但幼儿园文化的根本旨趣还在于促进幼儿的健康成长。幼儿园的存在与发展不是为了教师、课程或者其他某一主体而存在,而是为了促进幼儿的全面发展。幼儿园办园理念作为一种精神层面的文化形态,在文化层面必须以儿童文化为根基,彰显幼儿与儿童文化的主体性。

儿童是谁?意大利幼儿教育家玛利亚·蒙台梭利在她长期的教育实践中,提及最多的便是儿童是创造者。文化是人民智慧、知识、技能和价值观在特定时间和空间的体现。儿童的文化创造不仅是对传统文化的延续,更是一种创新、变革和创造。作为未来社会的主人翁,儿童从小接受和吸收的文化观念会潜移默化对他们造成影响,最终体现在未来的社会活动中。因此,作为管理者要强调儿童文化中的儿童立场,重视儿童的表达和思想。儿童有一套自己的逻辑、规则和特殊语码,它反映了儿童的思想与价值观。

## 二、全园皆师,发挥每个人的长处

幼儿园一日生活的各个环节无不涉及师幼互动,其对幼儿的各个方面都具有关键性影响。广义的师幼互动不仅仅是师幼双方交往和相互作用的过程,还应包括相互作用的背景、内容、机制和结果等。营造一个积极良好的全园皆师的氛围,可以让幼儿园所在的全时空视域中不断自然流露并增进人与人之间的和谐融洽，让每一个人"眼中有光，心中有爱"，形成师幼互动的良性土壤。

师幼互动的具体情境可能是千变万化的，既可能发生在有组织的教学活动中，也可能发生在非正式的游戏、生活和交往活动中。因此，师幼互动从本质上讲，是一个发生在多情境中的，具有多种形式、多种内容的互动体系，任何个体都可以参与这个互动体系。

在幼儿园的一日生活中，幼儿时刻都在与他人进行着互动。"三人行，必有我师"，在幼儿园里，幼儿可以是教师，家长也可以是教师。全园皆师是深圳实验幼儿园一直追求的互动生态，我们在幼儿园一日生活中创设良好的师幼互动氛围，让每一个人都可以成为互动环境的创造者、互动交往机会的提供者、幼儿发展的支持者，双方在互动中不断重构认知结构和价值取向。保安叔叔带着入园哭闹的幼儿回到班级，下雨时幼儿给还在辛苦工作的花工叔叔撑伞，后勤叔叔带着幼儿一起做木工……真正的师幼互动弥散在幼儿园的角角落落、方方面面。在这些互动中，幼儿可以接触更多的人，接受不同领域的知识，每一次互动，对于幼儿感知自己以及学习的内容和方式，都有着潜在的积极影响。

除了在活动中渗透全园皆师的理念外，我们日常也会通过项目驱动，让幼儿与各部门的教师充分互动，设置了日常的项目负责制和课程进班制，为师幼互动营造良好的氛围，助力幼儿的全面发展。

和厨师叔叔学做面食

和木工叔叔学锯木头

**小小督查员在工作**

在承担卫生督查的过程中，幼儿积极主动地与教师沟通工作计划与工作分工，不仅帮助幼儿以主人翁的身份参与园所的管理，还让幼儿有机会成为师幼互动、幼幼互动中的互动发起者。人人皆为师，幼儿也不例外，这体现了互动的公平性。很多教师和幼儿也被小小督查员认真负责的态度所折服，小小督查员的项目负责制不仅丰富了师幼互动的形式，在一定程度上也提高了师幼互动的内涵。

2. 课程进班制

以一日活动各环节为抓手，促进保育、保健、教学、后勤部门的紧密结合，让幼儿园各个岗位的工作人员都能发挥所长，给幼儿带来更专业的学习机会。如：为支持幼儿的探究活动，面点师叔叔进班教幼儿做面包、做点心；花工叔叔教种植；保健医生联合社区健康服务中心为幼儿带来健康小贴士的讲座，如爱护牙齿、眼睛、耳朵，疫病预防等专题小课堂。

## 案例

### 孩子与花工叔叔的互动

幼儿园有一位非常有爱的花工叔叔。花工叔叔每天都会走进班级里的植物角和孩子们一起观察记录花花草草们、小鱼儿们、小乌龟们的成长变化。花工叔叔每次和孩子们喂食小动物的时候，都会问："你们是不是饿了？准备开饭了。"花工叔叔去拔草的时候，会先放一段轻柔的音乐，然后说："小草，我准备要拔你了，我会轻轻的。"花工叔叔还会根据不同的季节特点，与孩子们开展相关的种植活动。

孩子们在和花工叔叔的交流中真切地感受到爱护花草、饲养小动物的乐趣。花工叔叔和孩子们一起饲养小动物，孩子们在饲养的过程中不仅能了解动物的外形特征、生活习性，还丰富了关于动物与植物的关系、人与动物的关系、动物与天气的关系等方面的经验。孩子们在花工叔叔的带领下，通过自己的操作、感知、体验，了解自然界与自然现象之间的关系，也从中获得了丰富的实践经验，增进了他们的责任意识、任务意识、合作意识，提高了自我服务的能力。在花工叔叔潜移默化的影响下，花草树木和多种小动物，在孩子们眼中都成了富有独特意义的生命个体，这是一种无言的生命教育。

### 三、互相为师，营造正向鼓励的互动氛围

师幼互动是在教师和幼儿之间发生的一种人际行为，其互动主体是教师和幼儿，教师和幼儿双方在互动中同等重要、互为主体。《幼儿园教育指导纲要（试行）》在"组织与实施"中明确提出，教师要关注幼儿在活动中的表现和反应，敏感地观察他们的需要，及时给予适当方式的应答，形成合作探究式的师幼互动。相互为师是教师与幼儿在互动的过程中互为主体，在动态过程中不断产生交互作用，是一个链状、循环的连续过程。教育活动中的教师和幼儿都是互动的主体，都是彼此间相互关系的创造者，相互为师让师幼双方在互动中实现了互动地位、互动角色、互动行为的公平。

**案例**

#### 中大班：轮值小小值日生

值日生工作是幼儿园最常见，同时也是幼儿最喜欢参与的一项活动。基于"三人行"课程的理念，我们每个班级都有值日生轮值的计划和安排。

幼儿在晨间接待时主要负责问好、测体温、叠毛巾、检查洗手，一般每天由2—3个孩子轮值，小小值日生可以自由协商如何分工与合作。在餐前，小小值日生主要负责分发餐巾和饭菜。

赐赐是一个比较内向的小女孩，平时吃饭的时候也比较挑食。恰好轮到赐赐做小小值日生了，宋老师问她是否愿意做值日生，赐赐说愿意，于是宋老师给赐赐戴上了帽子、口罩和围裙，如此有仪式感的值日生轮值，让赐赐对值日工作充满了兴趣。赐赐很认真地对待每一项值日工作，先是给每一个孩子分发了餐巾，她把餐巾摆得整整齐齐。然后，赐赐和另外一个值日生把所有饭菜整整齐齐地摆在桌子上，孩子们都对小小值日生表示了感谢，完成了值日生工作，赐赐的脸上满是灿烂的笑容。赐赐轮值完后，开始吃午饭，平时不愿意吃菜的赐赐，午餐的时候把所有的饭菜都吃完了。下午放学后，赐赐还很自豪地和家长分享了做值日生的经验。

幼儿在值日生活动中表现出来的积极性、主动性、持久性是一般教育活动无法达到的，不仅锻炼、加强了他们的自我服务能力和为他人服务的意识，还让幼儿在相互为师的过程中，实现了互动机会的平等，提高了自信心。

### 四、顶层设计，搭建师幼互动能力分层培养体系

高质量的教师团队是教育成功实施的关键。为深入落实《幼儿园工作规程》《幼儿园教育指导纲要（试行）》《3—6岁儿童学习与发展指南》及深圳实验幼儿园的课程理念，我园领导层和管理者对教师的专业发展极为重视，做了大量的顶层设计，确保教研工作顺利进行。

#### （一）建构系统分层培养模式

园所对不同年龄段、学历、岗位的教师进行了全面的统计，打造教师成长方案，帮助教师认同实验文化，掌握"三人行"课程基本理念，明确视角，聚焦儿童。（见表5-1）

## 表 5-1 教师系统分层培养模式

| 阶段 | 目标 | 模块 | | | 路径 | 方法 | 评估 | |
|---|---|---|---|---|---|---|---|---|
| | | 专业理念与师德 | 专业知识 | 专业能力 | | | 自评 | 他评 |
| 达标型教师第一阶段（一年） | 从事幼儿园工作一年，认同幼儿园园所文化，喜欢幼儿园教育工作，能按照一日生活流程组织幼儿在园的一日活动，熟悉和运用班级幼儿保教常识，熟悉幼儿常见疾病、运动、饮食等安全事故的预防与事后应急处理程序 | 1.园所文化 2.幼儿园教师法律法规意识 3.职业道德规范 4.儿童权利与保护 5.儿童文化 6.中华优秀传统精神 | 1.《3—6岁儿童学习与发展指南》 2.幼儿身心发展特点 3.游戏与儿童发展 4.幼儿园安全工作 5.通识性知识 | 1.幼儿行为观察与分析 2.一日生活的组织与实施 3.集体体验活动的组织 4.区域材料的选择与投放 5.应急处理能力 6.学习能力 | 融入 实践—反思 | 1.职业发展规划体验式培训（儿童视角）微格教学 2.现场指导及协助 3.师徒结对 4.一日一思 5.基本功考核 | 教师专业能力发展自评表（含模块标准自我评价）档案：相应模块的过程性记录 | 资料质量、阅读 |
| 熟练型教师第二阶段（三年） | 能熟练组织幼儿在园的一日活动，能创设富有教育意义的班级环境，能按照《指南》《纲要》和幼儿的发展水平实施教育教学活动，能对幼儿在园表现进行客观的观察与记录 | 1.幼儿园教师压力疏导 2.幼儿园课程价值取向 3.稳定的儿童观、教育观 | 1.幼儿身心发展特点（多领域、多角度全面了解） 2.学前教育改革与发展动态 | 1.幼儿行为观察与分析 2.独立创设班级环境 3.多种组织形式下的师幼互动 4.班级常规管理中的问题与对策 5.教育活动评价 | 融入 实践—反思 | 1.自选沙龙活动（形成感兴趣钻研的方向） 2.案例分享式教研 | 教师专业能力发展自评表（含模块标准自我评价）档案：相应模块的过程性记录 | 资料质量、阅读、学习心得、省市奖项 |

续表

| 阶段 | 目标 | 模块 | | | 路径 | 方法 | 评估 | |
|---|---|---|---|---|---|---|---|---|
| | | 专业理念与师德 | 专业知识 | 专业能力 | | | 自评 | 他评 |
| 骨干型教师第三阶段（五年） | 从事幼儿园教育五年，能抓住教育契机将教育灵活地渗透到一日生活的各个环节，能对幼儿的学习与发展进行科学评价并持续支持，掌握沟通技巧与家长进行有效沟通，促进家园合作 | 1.克服职业倦怠 2.健全人格教育 | 1.通识性知识 2.信息素养 | 1.高质量师幼互动 2.幼儿园活动组织与策划 3.随机教育 4.课程资源的开发与应用 5.家园沟通，指导家长开展家庭教育 | 融入 实践—反思 | 1.赋权（项目承担） 2.各类幼教论坛、研讨会、教育年会 3.各类证书的社会培训 4.教研组组长任务 | 教师专业能力发展自评表（含模块标准自我评价）档案：相应模块的过程性记录 | 论文、承担任务等 |
| 研究型教师第四阶段（十年） | 从事幼儿园教育工作十年，能用研究的方法探索解决教育实践中遇到的问题，形成自己的教育特色，并辐射引领他人，有参与或主持课题研究或项目的经验 | 1.突破专业成长瓶颈期 2.个人心理成长 | 1.通识性知识（跨界知识） 2.信息素养 | 1.资源整合能力 2.园本课程开发 3.培训能力 | 融入 实践—反思 | 1.成立个人工作室 2.主持微课题，参与或主持课题 3.分享研究成果 4.发表数篇论文 | 教师专业能力发展自评表（含模块标准自我评价）档案：相应模块的过程性记录 | 课题、辐射引领 |

## （二）建立健全保障机制

1. 制度保障

（1）建立教师成长档案探寻教师专业成长的轨迹和规律。

（2）建立园本教研机制：一方面，成立教师研究中心，成立以教研室牵头的园级教研组、年级教研组、备课教研组、班级教研组，各层级教研承担不同的教研任务。另一方面，建立严格的教研制度，对每位教师参与教研的次数、任务、参与度做出记录，纳入教师考核工作。

2. 人事激励

岗位晋升及薪资提升的机会。

3. 储备力量

成立"实习生"训练团。

4. 建立资源库

系统培训资料及视频。

5. 实现层级式培养

（1）高校科研人员合作模式：邀请有相关研究背景及培训资质、有一线教学经验或管理经验、有中西方文化交流经验的高校专家进行授课培训和直接教学指导，如，南京师范大学教育科学学院教授、博士生导师，深入研究师幼互动近三十年的刘晶波教授，CLASS 的研发团队所在的 TeachStone 公司认证的中国地区唯一课程高级培训师——澳门大学胡碧颖教授等。通过与高校研究团队的合作，科学地收集教师的个人资料、专业背景、教师效能感等信息，为园所制定适宜的培训方案。

（2）教研人员培养模式：依照专业职务层级、工作年限、研究专长挑选园内教研员和骨干教师进行首批培训干预，培养成为园所"师幼互动教研人员"，接受园所教学管理层与高校专家共同设计的系列课程培训，学习国内外先进的师幼互动理念，同时成为可以使用相关评测工具的评估人员，如 ECERS-R、CLASS 认证评估员。

（3）教师实践教研模式：教研内容来源于实践，教研成果回归于实践。在层级式培养模式中，"师幼互动教研人员"以个人或小组的形式深入教学现场，对一线教师进行师幼互动培训，大幅增加教师与教研人员一对一和持续接受指导的时间,确保理论与实践的融合。

层级式培养让园本教研更具针对性,夯实了园所的教研力量,形成了可复制推广并循环反复的教师成长模式,其结果不仅指向教师师幼互动能力的提升,也为学前教育发展储备了教研力量。

## 第二节 教研员:专业的理念引领与技能支持

教研员是在课程理念上,为教师在实践中如何进行师幼互动提供理论支持的专业人员。教师对如何与幼儿互动,使用什么样的策略是有价值判断的。因此,教研员在促进教师师幼互动能力提升时,首先要在理念上给予帮助,帮助教师发现内在的力量,建立正向的师幼关系,然后在技能层面给予教师具体的指导,如班级管理的技巧、观察与对话的技巧等。

### 一、帮助教师发现内在的力量

"三人行"课程的价值取向是儿童立场、幸福生长,其内涵是以儿童为中心,支持其发展,在教师进行师幼互动的过程中,我们提倡从关系入手,为幼儿提供温暖、和谐、安全、包容的环境,这要求教师首先能看见幼儿,那么作为连接纽带的教研人员应该先学会看见教师,为其打造温暖、和谐、安全、包容的环境,为其个人发展赋能。

帕克·帕默尔在《教学勇气·漫步教师心灵》一书中提出教师真正好的教学来自自身认同与完整。想要教师对幼儿充满热情，对教育充满热情，需要关注教师与自己内心世界的联结。所以，我园在支持教师专业发展方面，教研员主要通过书写教师的成长故事帮助教师发现内心的力量。

**案例**

### 做最好的自己

我园因为扩班，需新增一名班主任，通过竞聘，年轻、仅三年教学经验的唐老师当选了，成功当选的唐老师心里有些担忧，担心自己做不好工作。教研人员及时发现并了解了唐老师的内心想法，走近她并用欣赏的眼光去发现她的优点，并为她撰写了一篇成长故事。

欢欢（唐老师的昵称），新的学期开始了，你也开始了新的旅程，我看到你每天紧锣密鼓地家访、加班布置教室，在网上搜索资源、发动家长收集材料、请教园内有经验的教师……听你说自己做梦都在想着怎么把班级布置得温馨而受孩子们的喜爱。看到你手提两个大大的袋子，还抱着一个大大的玩具娃娃，你的力量让我惊讶！

孩子们陆陆续续地来园了，你提前准备了各种活动跟孩子们一起互动，你尽量降低自己的高度蹲下来和孩子们一起游戏。小班刚开始的工作细碎而又烦琐，你把自己变成孩子，跟他们一起游戏一起欢笑，你的脸上洋溢着孩子般的笑容，享受着和孩子们在一起的幸福！

你注重细节，时刻把安全放在第一：下楼梯时，你边示范边提醒孩子们靠右走，扶着栏杆，一步一步往下走；户外活动时，你组织孩子们热身，保护着他们的安全，你还不忘给孩子们拍照留资料，我看到了你的细心和用心。

第一天的活动顺利结束了，班级孩子情绪稳定，活动开展有序，焦急的家长们纷纷握着你们四位教师的手表示感谢，你也是备受感动与鼓舞，班级的四位教师不由自主地击掌庆祝，我看到了你所带领的小四班团队的凝聚与力量。

萱萱来园的第二天，有些小情绪，家长也有些小担心，你安抚了妈妈，抱着哭泣的萱萱，宽慰着她，给她擦眼泪。当萱萱的情绪起伏时，你带着萱萱在门口沟通，抱着她在走廊来回走着，蹲下来告诉萱萱，外婆会12点来接她，萱萱的情绪慢慢平静下来，开始参与集体活动，你不顾疲劳，马上又和孩子们一起进行新的活动。下午家长来园时，你跟萱萱外婆沟通了萱萱的在园情况，萱萱外婆很感谢你的付出，悬着的心也放了下来。你耐心地跟所有担心的家长沟通孩子在园的细节，让家长看到了你的认真与专业。小班的工作虽然刚刚开始，但是已经有了一个很好的开端，好的开端就是成功的一半，祝贺你！

欢欢，这学期你作为小班的新班主任，又是你第一次担任班主任工作，我知道你想尽自己最大的努力把事情做好，你在假期里就开始思考怎样开展工作。你虚心向大家请教，你不怕辛苦，事无巨细地不断理顺班级的工作，你做事有计划、提前思考、未雨绸缪，为开学的工作顺利开展做了很好的铺垫！

面对孩子们的分离焦虑，你静下心来真正关心孩子们的情绪，与他们共情、理解他们、帮助他们，使孩子们慢慢适应了幼儿园的生活，你还不忘跟家长沟通细节，让家长放心，你这些处理事情的技巧就像一位有经验的班主任，你已经掌握了作为班主任开展工作的很多技巧，我看到了你做事熟练而从容！

我还记得你说作为最年轻的班主任，心理压力很大，但是你会尽自己最大的努力做好一切。今天，我看到年轻的你，有朝气、有想法、有动力，虽然有压力，但是你懂得思考，提前计划，我想这样做事的方式，将会为你在日后的工作中积累很好的经验，也会让你更加从容地面对一切的挑战！继续加油，做最好的自己！

这样一篇成长故事既是对教师工作的鼓励和肯定，教师被赋予了被看见的力量，同时也是一种亲身示范，教研人员在成长故事中对年轻班主任一些正面的行为不断描述、肯定、强化，如，敬业的态度——家访、环境布置等，专业的行为——下楼的安全教育、蹲下来与有情绪的幼儿共情等。

用欣赏的眼光去发现她的优点：①喜欢与幼儿打成一片——爱幼儿；②与年级组长搭班承担大量的工作——有一定的能力，重要的是敢于担当；③工作上精益求精——敬业；④在实验幼儿园工作了3年时间——了解实验幼儿园的文化；⑤与班级教师相处和谐——有团队意识；⑥自己报名参加竞选——有强烈的动机；⑦竞选票数多——人缘好。寻找到她的很多优点后鼓励她，通过前期的鼓励加上这份故事的记录，让唐老师对班主任工作充满了信心，逐步成熟和顺畅地开展起班级的工作。

三年班主任工作中，唐老师出色地完成了各项工作，被外派到新园担任年级组长。在经验分享中，她常常会和教师谈论起这份成长故事，表达这个特别的故事带给她的感动和不断前行的动力。一个被记录下来的故事，是她职业生涯中最为宝贵的财富。

## 二、帮助教师建立正向师幼关系

建立正向师幼关系的核心是教师观念上的转变。但是，如果我们只是对教师提要求，教师可能无法真实地感受到什么叫为幼儿提供尊重、平等、包容、关爱的环境。"纸上得来终觉浅，绝知此事要躬行"，教师的学习也犹如幼儿学习一样，通过直接感知、实际操作和亲身体验才能够带来真经验。体验式的教研活动为教师提供了很好的场域，让教师感同身受和换位思考，真实地去感受幼儿的感受。

### 案例

#### 建构玩具教研反思

今天又轮到刘老师进行教研了，与往常不同的是这一次的教研活动是让教师搭建积木。整个活动分为两种形式：一种是没有目的的搭建，另一种是规定了主题的搭建。活动开始了，首先，刘老师让我们自由拼搭玩具，我拿到玩具后一时不知道搭什么好，左拼拼、右搭搭。与其说是进行建构，还不如说是在研究玩具。接着，刘老师把我们集合在一块儿，这一次她把我们按年级分成三个小组，主题是搭建自己心目中的房子，划分了建构材料，并在每个小组都安排了一位小组长。说干就干，我们这组准备搭建一座三居室的房子，首先确定目标，统一意见，采取了分工合作的方式。西米老师负责厨房和阳台，我负责大门和客厅，丽娜老师负责搭建卧室和书房。半个小时过去了，我们的房子终于搭好了。在活动中，我们出现了多次意见不统一，各自心中也没有明确的目标，在磕磕碰碰中搭建了这所房子。

活动结束后，我们反思了两次活动的优点与缺点，发表各自的感受。同时，这让我意识到平常孩子在建构区活动时，是不是也会出现这类问题，如，如何选择建构材料、是各自搭自己的还是分工合作等。在平时的区域活动中，我发现孩子都是自由搭建，教师没有给他们确定一个主题。能力强的孩子能搭出理想的作品，但大部分孩子进区后只是在配合能力强的孩子搭建，或者是在一旁摆弄玩具。这种情况表明，教师的指导不够，因为孩子不知道要搭建些什么，也不知道如何搭建。通过今天的尝试，我觉得每次建构活动前，教师要给孩子一个搭建的主题，教会孩子搭建的方法和技巧，并进行适时的介入和引导，让他们学会分工合作。学会了方法并有了搭建的主题，孩子们才会真正参与并喜欢上建构，从而提升孩子们多方面的能力。

诸如此类的案例还有很多，如，我们曾尝试在体验式教研活动中，给教师们固定的情景和话语，让教师们分别扮演成人和幼儿，重新进行场景演绎。"成人"站在不同的台阶上，用不同的语气对"幼儿"说话，其中有表扬、鼓励、忽视、埋怨、批评。通过现场演练，大家在亲身体验中发现表达的方式比表达的内容更为重要，并且使用启发式的表达方式，如，"如果你想到户外玩，你应该做些什么准备？""我们是怎么约定的在安静的时间不能打扰别人？"会让幼儿更愿意与成人合作。更为重要的是，角色体验让教师们感受很深，甚至有教师因为感受到因不同的语气、不同的说话音量带来的不同情绪状态而流泪。成人不喜欢被人以一种居高临下的姿态、严厉苛刻的语气指责和埋怨，幼儿一样如此。本就不在身高、体型上占优势的幼儿，当听到"贬低信息"，感受到教师的"负面情绪"时，心理上会有一种压迫感，并受到伤害，而这种强烈的情绪也会影响幼儿的问题解决。这种体验式教研非常适用于教师接受新的学前教育理论和方法，同时也适用于帮助转变教师的视角，让教师切实地感同身受和换位思考，从而逐渐形成相信幼儿是有能力的学习者的儿童观。

除了支持教师像幼儿一样体验外，在实际工作的过程中，为了让教师能够给予幼儿更多的自主，我们认为教研就应该像支持幼儿一样支持教师。教研活动应避免将教研演化成教导，应该像倾听幼儿一样倾听教师。

### 案例

#### 是"哇"还是"担心"？

在一次班级区域游戏活动中，一名小班的孩子反手使用剪刀，于是就有了这样一段对话。

教研员：刚刚你看到孩子这样使用剪刀的时候，你尝试引导小朋友像你一样正确使用剪刀，你能说说你当时的想法吗？

教师：我觉得她那样使用剪刀有一些危险。

教研员：那当孩子尝试了你的方法后，又用回自己的方法的时候，你的想法是什么呢？

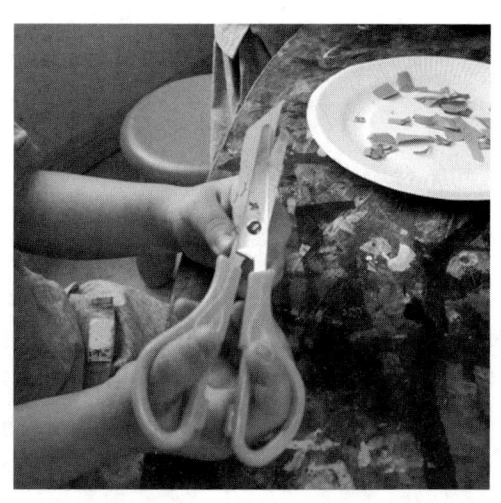

教师：我还是很想纠正她，但是我选择继续再观察一下。

教研员：然后呢？

教师：我发现她非常专注，持续时间非常长，而且完全没有剪到自己的手，我也在反思自己的介入多余了。

教研员：那么下次遇到这样的情况，我们可以怎么办？

教师：我想我应该多观察一下，相信孩子，而不是完全把自己的想法强加给孩子。我还可以进行平行介入，如果孩子按照自己的方法没有造成危险并且能够完成目标，我想我应该支持她专注地完成工作。

这样的感受、注意、识别以及回应促进了教师的反思和自我调整，教师更愿意从幼儿的角度去解读，追随幼儿、支持幼儿，选择恰当的时机、恰当的方式与幼儿展开互动。通过走向儿童视角的教研活动，教师的儿童观渐渐发生了转变。在教研活动中，鼓励教研人员常用教研三问，即提问、追问、反问的方式请教师表达自己的想法，教研人员需倾听和记录每一位教师的答案，启发每一位教师的积极思考，凝聚集体的智慧。

最终，我们期待教师达到的师幼互动状态是：转变观念，拥有尊重幼儿的态度；积极调整，有意识地降低高度，保持与幼儿目光平视；友爱沟通，互相耐心地倾听并积极地回应对方。总之，在言行举止上让幼儿感受被平等对待，进而能够在具有启发性的沟通中不断地思考、表达、学习。

## 三、帮助教师梳理班级管理规范

幼儿园教育的重心并不在于知识的传授，而在于通过日常生活，以多种幼儿喜爱的、适合他们年龄特点的方式促进他们的全面发展。班级，是幼儿一日生活的地方，是幼儿在园最主要的学习和生活场所，所以班级在很大程度上是决定性的成长环境。幼儿在组织管理良好的教室中能够有更好的学习和社交表现，当幼儿积极有效地参与活动，他们可以取得更多的成就。

班级管理领域的理论建构主要是基于自我调节理论和建构主义理论。自我调节理论认为学生自我调节能力的发展高度依赖于他们所处的班级环境，即，学生只有在良好管理的课堂环境中才能进行良好的自我调节。建构主义理论认为学习是学习者在与环境交互作用的过程中主动建构内部心理表征的过程，且认为知识不是通过教师讲授得到的，而是学习者在一定的情境及社会文化背景下，借助其他辅助手段，利用必要的学习材料和学习资源，通过意义建构的方式而获得的。大量的课堂教学实践证明，只有当教师提供高质量的学习安排时，幼儿才能有效参与教学活动并对之感兴趣，这正是幼儿主动参与学习的前提。

教研员基于上述理论梳理了良好的班级管理所需的要素：有序的一日生活、高效的组织形式、合理的教师分工、幼儿自主自发的活动、幼儿的高度参与、多样丰富的环境材料。首先，我们主要通过调整班级作息改善师幼互动情况；其次，总结出了幼儿园一日生活指引，科学合理地安排幼儿一日生活，使幼儿身心健康和谐发展，培养幼儿良好的生活习惯、学习习惯，指引也对教师日常班级管理提出要求，规范教师行为，明确带班要求。此外，努力打造和谐自主的班级环境。当班级环境成为可以与幼儿交流对话的场域时，我们可以看到这样的场景：教师不需要过多地强调常规，一切都井然有序地发生。幼儿对班级的环境有自主权和依恋感。每一个角落、每一个区域，都有幼儿参与创设的痕迹，如班级公约、规则提示牌、区域指示牌，也可以是一些幼儿创作的作品，更可以是课程实施的痕迹。尤其是课程组织实施的表征，如，某一个综合探究活动的动态体现过程，幼儿从兴趣的产生、发起，到一轮又一轮的探索、发现，都可以在班级环境中融入呈现出来，让班级文化变成一种随时与幼儿发生互动和对话的活文化、一种真正体现"儿童为本、儿童立场"的文化，从而成为促进师幼之间相互对话、相互学习、共同发展的不竭源泉。

## 四、帮助教师熟练支持幼儿的技能

在《幼儿园保育教育质量评估指标》中指出，教研工作聚焦解决保育教育实践中的困惑和问题，注重激发教师积极主动反思，提高教师实践能力，增强教师专业自信。我们发现，在实际的师幼互动中，教师最困惑也是最需要掌握的实践技能主要包括：专业且熟练的观察技能、与幼儿对话的方式、解决冲突的能力。

## （一）熟练的观察技能

观察幼儿是每位幼儿教师的必备技能。能从对幼儿的观察中发现他们成长的轨迹和学习的过程，是开展适宜的教学活动的基石。对幼儿的观察和解读，是每一位幼儿教师的基本专业能力，是将幼儿成长可视化的有效方式，也是促进教师自我反思、自我成长的重要途径。在以往的教研活动中，教师常常会问"怎么办"的问题。事实上，要想解决"怎么办"的问题，就必须先弄清楚"是什么"和"为什么"的问题，而这些都离不开对幼儿的观察和了解。所以，我们一直坚持观察为首，观察是成为专业教师的基础，师幼互动是基于观察的互动，应避免出现未经观察分析便擅自回应的情况。

可以通过系统培训以及将培训内容运用到日常工作中提升教师的观察能力，如，我园在组织教师基本功大赛时，将观察作为教师的核心能力，一是释放了我们所认可的教师能力的信号，二是用这样的方式锻炼、提升教师的专业能力。通过观察幼儿，教师可以加深对幼儿需要的了解和理解，认识到每一名幼儿都有自己的特点。

1. 如何观察

如何提升教师的观察能力？观察记录是一种有效的工具，它能帮助教师养成观察意识，促进教师深入思考。可以说，学会做观察记录是学会观察的重要一步。

### 案例

**观察记录教研**

观摩人员：新老师

观摩时间：2021年3月9日 区域游戏活动时间

**第一次研讨记录**

教研员：刚刚我们用15分钟观摩了大二班孩子的区域游戏活动，下面大家说一下，在这15分钟里你观察到了什么？有什么启发？

教师1：我刚刚看到两个孩子在语言区用毛笔写字，他们先是描红，后面在空白的地方写数字、画图形，直到整个页面全部画满。两个孩子对这份材料很感兴趣。

### 1. 项目负责制

以儿童的立场做教育是"三人行"课程的核心理念,发挥全园皆师活动的优势,每名幼儿既有平等互动的机会,又可以发起符合个性特点的互动交往活动。

如,在"小小督查员""小小快递员""小小播音员"等活动中,每名幼儿都有展示自我、承担小任务、发起"我是小老师"的互动机会。幼儿还可以创造性地参与园所管理,如,参加相关会议,站在儿童的立场说想法、提建议、参与环境提升改造等,最大限度地展示自己并与教师互动。园长以及行政、后勤各个岗位的教师们都能听到幼儿的声音,了解他们的想法,从而更好地满足他们的需求,做到有利于幼儿发展的互动。

 **案例**

#### 大班:小小督查员

小小督查员是由班级孩子们自愿承担的,主要职责是协同保健室、班级教师开展园所卫生督查工作。基于"三人行"课程的理念,我们每周三下午都会开展小小督查员的活动。我们在班级里征集自愿担当卫生督查工作的孩子,保健医生会根据实际情况制订轮值表。督查前,小小督查员和协同检查的教师会开一个工作计划与分工的小会,由小小督查员安排教师需要配合做好哪些工作,如何做好记录。

9月10日,我们收到通知,小小督查员会来检查班级环境,我们班级教师都提前做好迎接小小督查员的准备。小小督查员来到班级后,很有礼貌地和教师、同学们打招呼,然后就很认真地开展督查工作了。小小督查员很认真地检查班级的桌椅,还用手摸了摸钢琴上是否有灰尘。他们检查了好几个卫生死角,最终发现纱窗上有灰尘,便马上让随从的教师做好记录。检查完班级卫生后,小小督查员们来到了园长办公室。之前小督查员发现沙发背后有灰尘,所以这次园长"严阵以待"。小小督查员认真检查了园长办公室的卫生,最后发现一本书的扉页上有灰尘,就赶紧让教师记下来,并且和园长说明情况。园长对小小督查员认真的工作态度感到很惊讶,感叹竟然可以检查得如此细致。

教师2：我刚刚看美工区的老师跟孩子一起利用空的矿泉水瓶制作飞船，孩子参与度很高。

教研员：两位老师能具体说说他们之间的对话，或者交流的频次吗？

教师1：……记不太清楚，但是能说出大概。

教师2：是的，刚刚有认真听，但是没做记录，也只能说个大概。

教研员：其实今天观摩的主要目的并不是考验大家记住了多少，而是想就此引出今天教研的重点，观察记录的重要性。刚刚在大家观摩的过程中，我也在观察大家的状态，老师们都很认真地在观察，但是回到教研现场，我们却说不清楚现场师幼和幼幼之间发生了哪些对话，观摩后有什么启发。现在大家觉得观察记录有必要吗？

教师（齐）：有必要。

教研员：大家都一致认为观察记录是很重要且必要的，现在给大家提供A4纸和笔，我们再去现场观摩10分钟，10分钟后回到这里再次研讨观察到了什么。

## 第二次研讨记录

教研员：刚刚大家记录了什么？谁愿意分享一下？

教师2：我刚刚用纸笔记录了孩子之间的对话，写得有些潦草，他们说得很快，没有记录完整。

教师3：我刚刚用关键词的方式记录老师和孩子之间的对话，基本完整。

教研员：两位老师使用了不同的记录方式，但是效果不一样。大家觉得倾向于哪一种记录方式？

教师（齐）：第二种。

教研员：的确，记录关键词能够快速将重点记录下来。刚刚两位老师都记录了对话，但是你们为什么要记录对话？是发生了什么有趣的事吗？

教师2：其实就是平常对话，记录下具体内容。

教师3：我记录了老师支持孩子观察乌龟的过程。他们是怎么对话的，老师用语言引导孩子思考。

教研员：有什么启发吗？

教师3：老师能够运用启发式提问跟孩子互动，如，"你觉得乌龟在干什么？""有什么好办法可以知道乌龟喜欢吃什么？"

教研员：你观察得很仔细。刚刚记录在纸上了吗？

教师3：没有，只记录了他们的对话。

教研员：许多老师在观察记录时不清楚该记写什么，常常是听到什么、看到什么都会记录下来。但是，观察记录首先要清楚观察的目的是什么。漫无目的地观察，很难获取有价值的信息。观察之前应该明确观察目标，到底是观察人还是观察事。今天跟大家分享一种记录方法，回去后，请大家尝试实践，欢迎大家分享使用心得。

方法：A4纸折3折，每一折对应一个主题：发生了什么—发展了什么—未来的可能性。在对应主题下记录观察的内容。

| 发生了什么 | 发展了什么 | 未来的可能性 |
| --- | --- | --- |
|  |  |  |

教研员通过两次研讨，让教师了解观察记录的重要性以及如何做好记录。教师经历了没记录记不住、有记录记不好、会记录记重点的过程，解决了为什么要记录以及怎样记录的问题。有效的记录方式能够让教师从一个旁观者的角度参与、反思师幼互动，"不动"的记录，实则也是互动的一种。

2. 如何解读

成人对幼儿游戏的参与不仅能丰富幼儿的游戏经验，同时幼儿的智力和社会性水平也会随着成人在游戏中参与程度的提高而提升。因此，在互动中教师的行为能够对幼儿的经验发展产生直接且明显的影响。

如同对幼儿进行观察记录一样，在对师幼互动行为进行观察后也要进行相应的分析与解读。从观察到的事实中，我们一般会从发生师幼互动的场所、互动产生的时机、互动的方法和策略、互动的过程和师幼关系五个方面进行分析。我们发现，教师多是为了知识传输或达成教育目的而与幼儿发生互动，教师是否关注幼儿活动的主体性，是否遵循幼儿发展不同阶段的水平和特点，是否与幼儿产生了情感上的链接或行为上的支持是教师们容易忽略的部分，这些也是更重要的提升要点。除了对教师互动行为的解读以外，还要对互动中幼儿的行为表现做解读分析，一般从幼儿在互动时的角色（主动发起或被动邀请）、幼儿在互动前的已有经验、幼儿在互动时的状态表现、幼儿在互动后所获得的新经验四个方面进行解读。

3.用心体察

（1）感受幼儿的感受

**案例**

### 尊重幼儿的拒绝

| 场景描述 | 教师策略 | 幼儿感受 |
| --- | --- | --- |
| 楠楠拒绝和丹丹老师互动 | 尊重、接纳、理解 | 当我没有准备好时，老师能尊重我的拒绝……我能大胆地表达自己的想法 |
| 楠楠与丹丹老师对视时移开视线 | 持续地了解幼儿 | 老师会默默地关注我…… |
| 楠楠观察丹丹老师和他人的互动 | 尊重、接纳、理解 | 我对丹丹老师的行为感兴趣…… |
| 丹丹老师发现楠楠对建构区感兴趣，持续地了解他，尊重、接纳、理解，敏感地抓住契机 | 敏感地抓住契机 | 我的兴趣被老师关注了…… |
| 丹丹老师与家长进行沟通 | 营造积极的家园互动氛围 | 我与丹丹老师可以随时交流…… |
| 丹丹老师邀请楠楠进行分享 | 巩固积极关系 | 我愿意、准备好了…… |

（2）感受教师的感受

看见儿童是我们所追求的，教师作为师幼互动的主体之一，同样需要被看见、被理解。在分析解读后体察所观察的教师、儿童在师幼互动过程中的内心感受，所遭遇的困难、应对的策略、解困的智慧等，设身处地、感同身受地看待每一次师幼互动，"如果我是老师……""如果我是儿童……""如果我是园长……""如果我是家长……"，只有换位思考，才能以积极和发展的眼光看待幼儿和教师。在教研时，我们通常使用"321"反馈策略："3"，我所看到的三个优点；"2"，我所看到的两个需要改进的地方；"1"，我最喜欢的地方（前面讲优点时不能提及，将最喜欢的放在最后面，让反馈结束于愉快的交流之中）。

## （二）与幼儿对话的方式

在师幼互动中，教师通过观察、聆听幼儿，与幼儿展开对话，给予幼儿开放性思考和回答的可能，并根据幼儿的表现，逐步提出挑战，继而引导幼儿不断尝试解决问题。促进幼儿深度学习的关键在于如何向幼儿提问，高水平的提问能够为幼儿搭建通向最近发展区的阶梯，是激发幼儿产生更高水平的思维的关键，从而促进幼儿进行深度学习。

什么是高水平问题？简单来说，它是一个开放性的问题，不能简单地用"是/不是""有/没有"来回答，答案不是显而易见的，更没有唯一的答案。假设这样一个场景：一个孩子在美工区完成了自己的作品，老师走过去问："这是什么呀？"孩子答道："这是一个杯子。"老师仔细看了看，称赞道："你真棒！"在这样一个常见的场景中，或许教师没有意识到自己无法与幼儿进行深入交谈的问题，又或许教师明白要多鼓励幼儿表达却囿于自己总是成为"话题终结者"的无奈——想问，却不知道可以问些什么。在这样简单的一问一答中，教师很难对幼儿进行深入了解，幼儿也很难获得丰富的学习体验。

我们通过共读书籍《小脑袋大问题》、一课多研等方式，找到了有关提问的重要理论依据——布鲁姆的分类法。这是一种对思维、理解和学习进行分类的方法，从简单到复杂主要分为六个级别，包括记忆、理解、应用、分析、评价和创造。

这种分类法由六个认知级别组成，从简单到复杂分别为：

1. 记忆（包括识别、命名、点数、重复、回忆的技能）
2. 理解（包括描述、讨论、解释、总结的技能）
3. 应用（包括解释原因、表演、建立联系的技能）
4. 分析（包括识别不同点、尝试、推测、比较、对比的技能）
5. 评价（包括表达观点、做出判断、争辩/评论的技能）
6. 创造（包括制作、建构、设计、创作的技能）

熟练掌握这六个级别，能让教师们在师幼互动中跳出只在记忆和理解层面问问题的困境，引导幼儿在高阶思维层面展开学习。所以教师应当将教育目标放在心中，依据幼儿的已有经验，准备好要提的问题；不要惧怕使用专有名词、形容词等"高端大气"的词汇，当幼儿将词语与实际生活语境建立联系时，他们的词汇量就会有所丰富；给予幼儿足够的时间理解和思考；及时补充问题或评论，引导幼儿发散思维；注意积极地聆听，通过眼神交流或鼓励、概括等语言回应并肯定幼儿的表述。

尽管幼儿不一定按照认知级别有序地发展，但是布鲁姆分类法表明，幼儿要想在更高的水平应用知识，必须要以基本的事实和信息做基础。也就是说，必须在尊重幼儿的学习特点——直接感知、实际操作、亲身体验、多元表征的基础上，通过高水平的提问引导幼儿从具象思维逐渐向抽象思维过渡，使幼儿的创造力和想象力有良好的施展平台。

让我们回到上文提到的场景，当幼儿画了一个杯子时，将布鲁姆分类法的思想运用到实际中，我们可以怎样提问呢？

记忆：你想把这个杯子送给谁呢？你设计这个杯子，用到了哪些材料？

理解：这个杯子为什么有耳朵？

应用：你还见过哪些很特别的杯子吗？

分析：这个杯子跟老师喝水的杯子有什么不一样的地方吗？

评价：用这个杯子喝水会烫到手吗？为什么？

创造：也许你可以用黏土把这个杯子做出来！去试试吧！

通过这样的提问方式，教师可以从不同的层面了解幼儿的经验，同时通过问题支持幼儿进一步的学习发展，让活动能够更加深入。

提出好问题是一个需要积累和练习的过程，就如同对幼儿赞美和鼓励的词汇需要积累一样。刚开始练习时教师会有点照搬书本的生硬，但慢慢地，他们就可以熟练掌握。在日常带班的过程中，我们可以自己记录或请搭班教师记录自己提出的一些问题，从开放性的角度对问题进行分类，同时从"提出的问题是为了达到什么目的""属于布鲁姆分类法的哪一个阶段？""问题促进幼儿思考了吗？""问题得到回答了吗？"等角度进行深入思考，在反思中不断梳理自己的经验，促进自己提问水平的提升。

### （三）解决冲突的能力

幼儿天生喜欢与人交流、和同伴一起玩耍，在活动中逐渐学会交往，学会分享快乐，也会与同伴产生冲突。同伴冲突是幼儿在同伴交往过程中常见的现象，他们会因为各种原因与同伴产生冲突。如，同伴之间争抢玩具、玩游戏时肢体的碰撞、遇到问题时意见不合等。幼儿与同伴之间产生的冲突，是幼儿很好的学习机会，同伴冲突既可以让幼儿学会与同伴交往，学会沟通协商，又促进了幼儿的社会性发展，但解决不当时，也会给幼儿心理和身体造成一些负面的影响和伤害，所以，解决同伴冲突的方式尤为重要。

当幼儿与同伴之间产生冲突时，教师可以进行观察与介入，可借用"解决冲突五步法"，保持中立的角色，公平公正，不偏袒任何一名幼儿，知道冲突原因后，引导幼儿进行换位思考，讨论积极解决问题的办法，双方达成共识后一起解决问题。

解决冲突五步法：

1. **接纳情绪**

制止了伤害行为之后，不急于说教，关注幼儿的情绪，让幼儿感到自己的情绪得到了认可，缓和当下的气氛，为幼儿下一步思考解决方法奠定基础。

语言："你现在感到有点……（伤心、愤怒），对吗？"

2. **了解信息**

我们要支持幼儿对发生的冲突进行描述，一定要让幼儿双方对事情进行描述，在了解情况时，多用"发生了什么事情？""什么事情让你这么生气？"的方式进行提问。

语言："发生了什么事？谁先来说说？"

3. 描述问题

收集完信息后,教师要客观重复刚刚发生的事情,帮助幼儿聚焦问题。

语言:"刚刚发生了……"

4. 协商方法

我们要相信幼儿是有能力解决冲突的,双方情绪稳定达成共识后,支持幼儿提出解决冲突的方法。

语言:"现在我们一起来想想办法!"

5. 给予支持

当幼儿开始实施解决方案时,我们可以鼓励幼儿,帮助幼儿从问题解决过渡到游戏,同时帮助幼儿积累解决问题的经验,最终成为独立的问题解决者。

语言:"你们需要我的帮助吗?"

我们常用情境演绎的方式,将教师们分为表演组、观察组、介入指导组,生动再现冲突场景、实践解决方法。

## 第三节 教学者:持续的自我反思与互动学习

"三人行"课程理念强调全面发展、多元价值观,教师应该充分认识到教育的复杂性和个性化,加强自身的学习和提高,从而提高教育质量。同时,教师也可以通过与同事的交流和学习,不断完善自己的教育理念、方法和技能,从而提高师幼互动质量,更好地满足幼儿的需求。

### 一、在反思中更新儿童观

人们对于儿童的理解决定着对待儿童的态度与方式,人们对待儿童的行为也能反映出他们对儿童的理解。所以说儿童观决定了我们的教育观,影响着我们的教育行为。要想在师幼互动的过程中更有效地支持儿童的发展,就要更加理解与尊重儿童,以儿童为本,在反思中更新自己的儿童观。教师是儿童的朋友,要和儿童站在一起,走进儿童的心里。敬畏童年,这是个体发展的最初阶段，受用一生的良好品质自此萌芽；尊重儿童，俯下身子耐心聆听，与儿童并肩，在感同身受中彼此陪伴和成长；努力让自己进入儿童的真实世界与儿童相遇，接触爱、纯真和美好这些品质；蹲下身来，与儿童对话，用他们的视角看世界。

### （一）拥有接纳的心态，跟随幼儿的兴趣

理论知识的学习是实践幼儿教育不可缺少的一步，然而在实践中教师们往往会持有自己对教育的一些固有看法，同时这些看法会直接反映在教育教学行为中。受行为主义影响较深的教师会比较关注教学的整体成效，重视规则的建立，如，他们可能会为了当下的教育效果，牺牲未来可能的幸福，也会为了集体的成长，忽视个体的成长。受人本主义影响较深的教师，在跟随个别幼儿的兴趣时，可能会损失教育的整体成效。持建构主义观念的教师会尊重并激发幼儿的主动性，让幼儿按照自己的活动方式，通过活动和操作解决问题，从而建构起对世界的认识。真正把幼儿当作主动参与知识建构过程的主体，不仅关注幼儿的世界，更关注幼儿感兴趣的世界，让幼儿充分展现其对世界的好奇心和探究的欲望，让幼儿在活动中表现出积极性、主动性和创造性。

教师们在实践这样的教育观念时难免会遇到一些困惑和不解，但发现问题、解决问题本身就是一种成长。

### 案例

#### 玩具不收后，会发生什么呢？

大型建构是孩子们喜爱的活动项目之一。一旦开始搭建，直到放学孩子们都不愿意回家。所有孩子在收玩具的时候，面对搭建好的各种城堡、街道总是舍不得拆除。尤其是3岁多的千千，就曾经因为"搭房子"搭到哇哇大哭过好几回，原因是"我不要回家，我要盖房子"。怎样才能让孩子们的欢笑中不再有不舍和泪水呢？

教室里为什么不能乱一点呢？是的，时刻保持整齐固然是个好习惯，可是，我们不能让孩子们别具创意的作品让位于所谓的"好习惯"。我们每天活动后，离园前将拼好的作品拆掉，收拾整齐的"好习惯"，能不能"放一

放"呢？将孩子们搭建好的作品存放一天、两天、三天、一周、两周，会发生什么呢？

第一天

叮当和辰辰一起搭建了一座自己住的房子、滑滑梯和围墙。

第二天

叮当和辰辰一大早在窃窃私语："我们盖的房子和滑梯，不能让他们随便玩。""对，不能随便玩，你们可以收门票呀。"我插了句嘴。于是，两个人跑到美工区画起门票来。

他们先在白纸上画出类似表格的格子，用剪刀沿着格子剪成小张的票。太窄的不要，他们在差不多大小的票上分类标记："口"形的是参观房子的票，"一"形是玩滑梯的票。两个人大声吆喝着："快来看房子，玩滑梯啦……"在剧场和超市里的孩子们果然被吸引过来了。

在接下来的 40 分钟里，两位建筑师带着顾客看房子、玩滑梯，赚了个满盆满钵。他们将钱装在保险柜中，放心地回家了，眼里不再有以往收玩具时的不舍与叹息。

第三天

建筑师为房子加上了屋顶，并且在屋顶上装上了液晶电视（一块可以随时放平或竖起来的长木板）。

就这样，好几天，没有收玩具，孩子们在自己搭建的世界里，一起游戏：玩滑梯、野餐、看星星、哄自己心爱的小宠物睡觉……

游戏后将玩具收拾好，应该是幼儿园每个班级的基本规则，幼儿在"收拾"这件小事中能够学会自律与自主，养成做事情有始有终、自我服务的习惯。但故事中的唐老师从幼儿因为"搭好的房子被拆除"而难过不已中得到启发，用尊重与接纳的态度与幼儿互动，支持幼儿的探索活动。在允许幼儿保留搭建作品的过程中，她不把自己当作规则的制定者，而是当作与幼儿一起成长、一起探索的支持者和陪伴者，成了有儿童视角的教师。

（二）发现幼儿的力量，让"危机"变"契机"

作为教师，我们每个人都感受过一些成功，那些因我们对幼儿的关注和了解所采用的适宜的教育方法和策略，让我们赢得了幼儿和家长的认可。当然，我们每个人也曾面对过一些失败，那些让我们手足无措的意外事件，那些我们根本看不明白也无法了解的特殊幼儿的行为，让人无从下手。教师是幼儿成长过程中的重要他人。在幼儿成长的过程中，需要我们协助他们理解生活经验；需要我们发挥自己的"权威"作用；需要我们的榜样力量；需要我们的合理期待。人们发现皮格马利翁效应也适用于教育，反映了教师的期待对幼儿发展的积极影响，教师对幼儿的影响不仅有直接显性的，也有间接隐性的。幼儿自身蕴藏着成长的动力，具有巨大的发展潜力，作为教师，我们应该了解幼儿的发展特点，尊重幼儿自身的成长轨迹，跟随幼儿的发展步伐，并适时给予支持和引导。在日常的教育中，教师都在关注幼儿，那我们的关注与有准备的教师对幼儿的关注有什么不同呢？我们关注的大多是幼儿的行为，而有准备的教师关注的却是幼儿行为背后的想法。行为只是一种表现，幼儿内在的想法才是我们与之互动的关键。

在绘本《安托尼的小平底锅》中，一个名叫安托尼的小朋友总是拖着一个平底锅，无论他走到哪里平底锅都会跟着他。因为平底锅的存在，给安托尼周围的人们带来了不少挑战，也给他自己带来了不少麻烦。对于幼儿来说，有什么可能成为他摆脱不掉的包袱？或许是一种个性，一种看似格格不入的性格特征，这会让人觉得他似乎是个奇怪的孩子，让别人想要离他远一点。或许是一种情绪，一种困扰自己的情绪，想要丢掉却怎么也丢不掉，总是跟着自己，只能像安托尼一样把自己藏在情绪里面。又或许是一种天赋，一种过人的天赋，使他爱听音乐、喜欢画画、擅长运动。总之，是一种与众不同。

"故事中的安托尼是幸运的，他遇到了一位能看见并且认可自己的平底锅的好心人，教会他如何用平底锅来帮助自己，克服重重困难，创造出最特别的自己。其实每个人都有自己的小平底锅，关键在于是否能遇到这样一位理解和接纳自己的好心人。作为教师，我们更应当成为孩子的好心人，善于发现、善于思考，站在儿童的视角去感受孩子的感受。"

这段话来自我园李佳佳老师在一次以"发现儿童的力量"为题的教研活动中的分享，《安托尼的小平底锅》绘本故事便是她分享的引入。我们来看看还是新手教师时的佳佳老师对儿童立场有着怎样的感悟。

 **案例**

### 从"安托尼的小平底锅"到"不倒的城堡"

佳佳老师目前是一名班主任,她的教学风格活泼生动,喜欢用各种各样的小游戏贯穿于一日生活中与孩子们互动。每个看过佳佳老师上课的人都说,佳佳老师是真正和孩子们打成了一片。佳佳老师常自信地说:"我和我们班的孩子已经是默契的伙伴了!"其实,佳佳老师也不是一开始就这么轻车熟路,回想起她刚加入实验幼儿园大家庭的时候,也常常会因为"看不懂孩子"而慌乱不已。

一次在指导建构区游戏的过程中,在她稍不注意时,建构区的积木和辅助材料便被孩子们弄得到处都是。面对凌乱的积木,孩子们无心建构,只是拿着积木玩起了"打仗"的游戏,嘻嘻哈哈的笑声不时从中传来。看着一片狼藉的建构区,看着随时有可能打到对方的孩子们,佳佳老师懵了,她非常想说:"赶快收拾好!"再细心教育,"积木区不是这样玩的……你们应该……"。但她想到了一句话"不专业的老师遇到问题会急于解决问题,专业的老师遇到问题会想这是教育的契机",她知道现在的状况是"危机"也是"契机",随机遇到的问题就是最好的学习现场。她深吸了一口气,努力让自己冷静下来,待心情平复后,观察了一下,便蹲下来和孩子们说:"天啦,看来这里刚刚是发生了一次战争,房屋都倒塌了,是这些恐龙干的吗?"

孩子们没有马上回答,过了几秒,其中一个孩子说:"是呀,这些恐龙把房子都弄倒了!"听到这样的回答,其他孩子马上应和道:"是呀是呀,恐龙弄的。"

教师接着问:"那怎么办呢?没有房子就没地方住了"。

孩子们突然安静了下来,互相打量了起来。

教师看到一个放在地上的超人便说:"这样吧,我有个主意你们听听,看看可不可以,我们请超人先生来帮助大家打败恐龙重建房子。"

"好呀,好呀。"孩子们仿佛看到了救星。

教师接着说:"但是呢,有个问题,超人虽然能阻止恐龙破坏房子,但是毕竟他只有一个人，想要重建房子他可能还需要一些助手来帮忙"。

"我！我可以帮忙！"孩子们兴奋地说。

"你们可以吗？想要搭建坚固的房子可是很有难度的呀。"教师说。

"可以可以，我们可以。"孩子们坚定地回答。

"好吧，那交给你们啰。"说完，教师便微笑着走开了。

大概20分钟后，佳佳老师再回到建构区，眼前的景象让她不敢相信，孩子们用垒高、围合等方式已经搭建好完整的作品，孩子们开心地介绍道："恐龙被圈在一个大大的圆圈里面，围栏旁边有个高高的发射台。当会飞的翼龙想要飞出来时，这个发射台就会把信号发射给躺在房子里的超人，超人就会过来抓住它。为了让房子更加坚固还加厚了墙体，所以这是一座不会倒的城堡。"

从佳佳老师的故事中，我们看到了一位教师从"手足无措"到"相信支持"的过程。佳佳老师也把自己这次的经历、感悟与收获以成长故事的形式记录下来，从"发现了什么？""发展了什么""成长的可能性"三方面进行描述，并发表在深圳实验幼儿园"三人行"成长评价平台上，用信息技术的手段将这篇成长故事保存下来。这篇故事在平台上被许多教师和家长看到，很多人转载，也给还是新教师的佳佳带来了很大的职业成就感。佳佳老师写道：一直都说要"发现儿童的力量"，儿童的力量是什么呢？又怎样去发现呢？我很庆幸自己当时选择了信任，选择了等待，选择了有效引导，这才有了后面精彩的故事，才有了发现幼儿力量的机会，我相信只要我有耐心、相信幼儿，给他们足够的时间、空间，更多精彩的故事会发生在每个有教育情怀、有智慧的教师的教室里！

教育现场充满不确定性，正是这种不确定性让教育现场丰富多彩，充满魅力，幼儿的个性与独特性也在其中显现。新西兰学习故事教育专家温迪·李曾说，是教师的选择让教室与教室之间有了不同。在这场"意外"中教师对幼儿采取了信任和追随的态度，理解幼儿的行为，敏锐地抓住教育契机并支持幼儿自己解决问题。教师教育的智慧便是从这场"意外"中生发，儿童视角的儿童观也慢慢凸显。

### （三）看见幼儿的独特性与多面性

幼儿和幼儿的形象是我们教育的起点和基点，也是理想，维果茨基的社会建构理论中说儿童既是独立的、个体的，也是身处关系中的。每一名幼儿都是权利的主体，在成长和发展的过程中，幼儿的个人身份、独特性和差异性都应当被尊重。同时，幼儿又属于集体，身处各种社会关系中。在与不同的文化、社会环境的不断交互中，幼儿也会因角色的转换而呈现出多面性。

中国古代教育家孔子首倡因材施教，他主张教育的前提条件是了解儿童的个别差异和特点，在了解儿童的基础上，有针对性地施以教育；中国古代的道家思想也反映了个性教育的重要性，道家的个性教育观念尊重人的个性，张扬人的个性，主张每个人主观能动性的发挥，拒斥个体千人一面，提倡顺其自然地进行教育。

 **案例**

#### 尊重个性的教育

下午 4 点半，筱筱的妈妈站在幼儿园门口，等着接筱筱回家。筱筱正在参加实验幼儿园美术工作室的小组活动。

小昶老师记得筱筱第一天到幼儿园的情景。那天上课，老师和孩子们都坐在地上玩儿，筱筱静静地一个人坐着，当见到一个孩子拿起画笔时，她竟抢过来在地上画来画去。这后来发展成筱筱的一大习惯，凡是见着画笔和画纸就抢。

见筱筱对画画那么痴迷，小昶老师把这事告诉了筱筱的妈妈。妈妈给她买了各色画笔和图画本。从那以后，筱筱每天都在纸上画画。

大概两个月之后，小昶老师确定筱筱对绘画的热爱程度高于她对其他任何东西，而且比其他孩子都要喜欢绘画。研究漫画出身的他找到筱筱的爸爸妈妈一谈，得知孩子周岁那天抓的就是一个画板。三个人都觉得孩子在这方面可能有天赋，可以好好培养。就这样，筱筱跟着小昶老师开始了她真正的绘画课程。

如今，一年零八个月过去了。现在给筱筱一个磁粉画板，让她画个番薯头，画个奥特曼，画个哆啦 A 梦，都是手到擒来的事情。不过小昶老师的教育远不止于绘画本身。擅长绘画的人对事物的理解都是偏感性的，筱筱也不例外。小昶老师本身也是个喜欢通过绘画来表达感情和想法的人。在筱筱掌握了基本的漫画技能后，小昶老师开始教筱筱画她眼中的世界。他用三格半漫画作为套路，让筱筱将自己的故事往上面套。

开始的时候，筱筱最多只能画两格，故事就完成了。但是，随着对事物认识的增多和加深，筱筱慢慢能画满三格。而三格半漫画的要求更高一些，因为三格半漫画的本质是讽刺和幽默，这是孩子很难做到的。小昶老师说："漫画的绘画比较简单，所以筱筱接受得比较快。但是，好的漫画需要有较完整的故事情节，并让人从中感到幽默或明白一些道理，这要对社会有一定的认识才能达到。我现在让筱筱学习的不仅仅是绘画技能，还要培养她在认识自然和社会方面的兴趣，然后鼓励她将自己看到的场景、现象以及自己的想法用绘画的形式表达出来。"

筱筱现在学习画画，小昶老师讲得越来越少，倒是筱筱画的时间越来越长。有时候一周下来，几易其稿，筱筱能完成一组不错的作品。除了上课外，小昶老师还建议筱筱的妈妈多买些漫画读物以及一些丰富幼儿想象力的童话书给她看。因为他认为学习画画的过程，必须同时辅以身心的同步发展，而童话故事可以很好地释放孩子的想象力。

这是一个具有典型性的案例。孩子不是一张白纸，他有自己的个性，有自己独特的思想，是主导自己成长发展的主角。所以说，尊重与接纳幼儿是影响与发展的起点。教师可以做的是用一双善于发现的眼睛，仔细观察、悉心了解幼儿的兴趣，给幼儿提供不同的发展平台，让他们按照自己的方式和意愿来成长。当然，在幼儿看来，这个世界到处闪耀着新奇，他们的兴趣点很多，我们需要进行价值判断，选择既符合幼儿年龄特点又具有价值的内容，就如同我们常说的，千里马常有而伯乐难寻。

著名心理学家班杜拉曾提出"交互决定观"。这种理论认为个体、环境、行为之间是相互影响的，它是一种社会认知理论，改善了之前环境决定论与遗传决定论的看法，它把人的行为表现放在社会生态视角下进行审视，认为环境与行为之间的关系不是单向影响的。也就是说，环境的不同或变化可以引发个人行为的变化，其主要原因是引发了个人对环境的不同认知。

幼儿就像一面多棱镜，从不同角度观察都会有新的发现。而留意幼儿的每一面，看见他们的独特性往往是教师们容易忽视的，我们总是坚持己见，因为某些原因会给幼儿贴标签，让他们没有表现自己的机会。因此，幼儿对教师产生不信任感，师幼之间产生距离感，无法建立有效的互动。任何问题都具有两面性，我们看问题的角度不同，采取的方法也会有所不同。因此，教师如何观察发现并正确引导是促进幼儿成长的关键，转换角度思考问题，总会有不一样的收获与感动。从不同的视角观察了解幼儿，走进他们的内心，教师就是这样发现筱筱的独特性，与她共同成长，建立有效互动。

## 二、建立心理咨询学习共同体，在互动中激发内在智慧

师幼互动能力的提升不只是技术层面的问题，更要重视内隐要素，激发内在的智慧。如，在师幼互动中，教师要调整自己的行为，能看见自己、认同自己，再将这些积极的影响传递给幼儿，帮助其身心发展的同时也带给教师更大的专业自信和成就感，这便是内隐要素的力量。

### （一）重视自身力量，在互动中重塑自己的价值

帕克·帕尔默在《教学勇气·漫步教师心灵》书中说"好的教学不能降低到技术层面，好的教学来自教师的自我认同与自我完善。"社会上很多人对幼儿教师的看法很单一，觉得这是一份轻松、快乐、简单的工作，只要能看好孩子，哄好孩子就可以了。其实，幼儿教师是一个非常专业的角色，是幼儿学习与发展的支持者、合作者、引导者，是拥有丰富的专业知识和技能，饱含热情与激情，能和幼儿做心灵沟通与互动的人。幼儿教师只将自己作为知识的传递者是缺乏创造性的，这样的教师很容易出现职业倦怠，如果能和幼儿在教与学的互动中体会感受到更多的价值，做与幼儿共同成长的教师便能享受到更多的职业幸福。

 **案例**

### 这样的压力还能承受多久？

李老师是 A 班的班主任，她觉得自己太忙了，每天都有做不完的事情。

她将自己忙不完的事情列举出来，大致有这些：需要经常去玩具市场为孩子们找一些玩具放到区域中；需要备课，并完成孩子们需要的五大领域的教学；需要做班级的周计划；需要训练孩子们跳绳，因为马上就要开运动会了；有几个孩子不听话，需要与家长沟通，看怎样管理……

我们经常看到李老师忙碌的身影。当孩子进行区域活动时，李老师要么组织一组孩子进行角色扮演，要么在处理班上的环境创设问题。李老师一般是按周计划实施自己的教育教学，如果不是上级主管的特殊安排，计划不变。面对三十多个孩子，李老师经常感到烦恼。她总是希望这些孩子再听话一些，再顺从一些就好了。如果自己说的话，孩子没有听明白，李老师就会很严厉地教导孩子。她希望每个孩子都按班级规则办事，都能服从教师的安排，都能在集体课上认真听讲。

在李老师那里，每天的教育活动就是这些：准备教学材料、上课，环境哪里不好看了就调整一下，有不听话的孩子就想办法和家长沟通，希望一起来管束他们。

她还没能感受到作为教师的成就感，除了孩子听话、领导表扬带来的一些慰藉。总之，李老师很有责任感，她说："如果不是自己的责任感，谁会受这份累啊。"

对于李老师来说，从事教育是责任所驱，似乎是一份劳累的工作，一种奋力承担的压力，一种生活上的负担。因此，我们从李老师的脸上很少看到微笑，尤其是当她与孩子们在一起时。她对待孩子是严肃的，总是担心失去威严会无法"镇压"这些"捣蛋鬼"。不曾听她谈什么教育的理想，因为她感受不到作为教育者的幸福感与成就感。这样的压力还能承受多久？

可见，教师不应该是幼儿成长过程中的牺牲者、奉献者，而应该是幼儿幸福成长的分享者、陪伴者。现实中，像李老师这样的教师不少，他们深受行为主义的影响，不太相信当前一些新的理论，将当前的很多观念说成是理想化的事物，觉得自己很难做到。

在教学技能上，李老师是个有准备且专业的教师，但是从心理层面上看，她仍没有做好准备，很大一部分原因是她深陷当下的状态，对自己的教育行为没有信心；同时，她还没有转变自己对幼儿的看法，旧的儿童观一直束缚着她的思想，影响着她对幼儿的态度与行为，让她很难从与幼儿的互动中收获成长与幸福。教师自身感受不到成就感和幸福感，就会进一步加重他们想要约束幼儿的想法。幼儿在受束缚的环境下可能会出现两种情况：第一，服从约束，就是我们见到的"乖孩子"，教师说的话就是金科玉律，以教师为权威，甚至奉承教师；第二，反抗约束，就是我们见到的"难以管束"的幼儿，不愿意听从教师的指令，挑战教师的权威，甚至被班级孤立，从而形成消极的自我意识。这种状态下的教师也会出现"偏心"的现象，他们会认为顺从的幼儿比较省心，而不顺从的幼儿则会加重他们烦躁的心情。这种师幼关系导致整个班级的不良氛围，让教师和幼儿的互相成就、共同成长变成一种奢望。下面的例子或许能帮助我们理解什么是与幼儿共同成长的教师。

 **案例**

### 是孩子们让我成长了

B班的陈老师也同孩子们一起步入了大班的学习阶段。一路走来，她感受到自己一直在成长，她认为这种成长是孩子们带给她的。她本身是一个很害怕压力的人，遇到事情总会不由自主地焦虑和紧张，而今她最放松的就是和孩子们在一起的时光。

她说自己很多事情都喜欢和孩子们商量，因为他们都是自己的"军师"，总能想出很多点子。她感觉班级就是大家共同的家，自己只是家里的一分子，家里人员很多，每个人都可以为这个家做事情。

我们在很多班级见过值日生的安排，而陈老师班的值日生却与众不同。他们设计出很多工种，就像社会上的工作一样，每一份工都有工资。陈老师说这个点子是她和孩子们一起想出来的。因为她觉得以前总是要值日生做事情，一方面，没有任何交代，对他们的劳动价值也不尊重；另一方面，孩子们做的每一件事情都应该是课程的一部分，怎么将值日生的工作纳入课程，是她之前一直在考虑的。那天，她就跟孩子们商量了这件事，正好他们班在区域中有很多需要消费的项目，这些消费项目以往都是教师分钱给孩子们，就像大锅饭一样，现在两件事结合在一起，正好就有机会打破大锅饭了。

陈老师对孩子们说："老师还需要给每一个值日生发钱吗？那么多人好复杂啊。"

"不需要啊，我们自己知道拿多少钱。"一个孩子说。

"那老师怎么知道你们拿了多少？"陈老师还是有疑虑。

"你可以准备一个本子，我们拿了就记在本子上。"另一个孩子想出了这个办法。

"那好吧，老师相信你们都可以自觉地做好这件事。"陈老师放心地说。

就这样，班级里多了一个存钱罐，旁边放着一个记事本。每次值日生做完事，会根据自己的劳动内容领取相应金额的工资。同时，每个孩子还有一个属于自己的小钱包，自己的钱就放在里面。这些钱可是孩子们游戏的成本，他们格外地珍惜。区域活动里有很多消费项目，如果哪个孩子没钱了，就不能参加，不过他们可以向其他孩子借钱，还可以选择贷款。这里就像一个小社会一样，孩子们不仅在进行数学学习、语言沟通，还在学习经济。当然，这些钱都是一种假币，只在这个班级小社会中流通。

不仅如此，陈老师说，他们还一同协商解决了打人现象。怪不得我们从未见过这个班级出现任何争执现象呢。还有一次，A 班一名被老师认为调皮的孩子来 B 班串班游戏。他以为 B 班的孩子拿了自己玩具汽车的遥控器，正打算抢回来，没想到 B 班那个孩子并没有因此着急生气，而是很耐心地帮他找回了自己的遥控器，这样，两个孩子竟然玩到了一起。一场争执被 B 班这个孩子无声无息地化解了，让人不由得佩服这个孩子的社交能力。陈老师的讲述，让人感到 B 班孩子的成长是他们整个班集体的功劳。

陈老师常常说是孩子让她成长了，她很想把这种成长分享给其他老师，幼儿园也给了她这样的平台。她时常有机会将自己在班级里与孩子们在一起的体会、心得分享出去，有时候是面对幼儿园里的新教师，有时候是面对其他幼儿园的一线教师。她希望其他老师也能感受到自己的幸福，希望其他老师都能够在与孩子们的相处中成长起来。

从陈老师的故事中，我们可以感受到她很享受与幼儿在一起的时光，每当发现班级里需要解决的问题时,她不会一个人去承担,而是和幼儿一起解决。她相信幼儿的能力,认为幼儿可以做很多自己想不到的事情。她认为幼儿的学习能力正是在解决一个个问题的过程中得到提升的。她认为成长不只属于幼儿,也属于自己。在这个班级中,她与幼儿是相互依赖的一家人,不仅幼儿依赖她,她也依赖幼儿。

提及教育目标,教师们一定会说出类似于希望幼儿幸福成长的话,在心中预设出一系列幼儿成长所需的品质,如有责任感、懂得感恩、敢于探索、有创造力等。相信无论是李老师还是陈老师都希望自己的教育是朝着这个方向努力的,或者说,会这样要求自己。只是她们对自身的角色认知不同,李老师将自己看作规则的制定者,幼儿需要在统一的领导下,掌握他们各阶段所需的知识和技能;而陈老师则没把自己当作权威,而是当作与幼儿一起成长的陪伴者,与幼儿共同进步。

(二)心与心的交流,在互动中遇见更好的自己

著名心理学家阿德勒曾经说过:"幸福的人一生被童年治愈,不幸的人一生都在治愈童年。"幼儿心理健康是十分重要的,关乎每名幼儿的终身成长,也是人格完善的必要条件,是精神与发展的内在基础。美国哈佛大学教授埃里克森的心理社会发展理论也印证了阿德勒的观点,他将人格的发展划分为八个阶段,每个阶段都有相应的核心任务,当任务得到恰当的完成,人格发展就会获得较为完整的同一性。反之,如果某个阶段的任务没有很好地完成,将会影响后续阶段的发展。

事实上,在成人眼中不起眼的小事,也可能引发幼儿的不安,如不良的教育方式,可能会成为幼儿的心理阴影;一些不合理的期待,可能会演化成幼儿心理的压力源。当然,对于3—6岁的幼儿而言,他们可能不能完整、清晰地向教师或家长描述他们内心的想法,但是当他们没有得到相应的理解和帮助的时候,可能会通过行为表现出来,如,哭闹、攻击性行为、发脾气、咬指甲、生病等。所以我们常常会说,每一个有行为问题的幼儿可能背后都会有没有被满足的需求。教育是心灵与心灵的碰撞与对话,对于教育工作者而言,幼儿是我们研究的核心,因为幼儿会告诉我们教育的起点在何处。幼儿教师有一个独特的优势,他们可以调动全班幼儿、寻求群体帮助、

改变所处环境,来调整和改进每一名幼儿。然而,由于不知道到底要怎么做,或又因面对现代观念的冲突,教师们在实践时困难重重。因此,作为教师有必要了解和学习心理学方法,从而更好地了解幼儿的心理和行为,以及行为背后的原因。

教育和心理之间的关系是十分密切的,除了能帮助教师与幼儿更好地相处外,从心理学的角度上看,教育其实是引导人们不断地发现自我、认识自我以及自我指导的过程。心理学中有一个理论叫作冰山理论,说的是其实我们能看到的冰山一角只是冰山很小的一部分,而冰山下则蕴藏了更大一部分的内在世界。每一次的心理学学习,就像是一次把心灵打开的旅程,引导教师们向内观照,发现自己蕴藏的潜能和真实的自己。这样的发现,也能让教师们更加坚定关注幼儿心理需求的重要性和价值。

在深圳实验幼儿园,我们通过深圳市杨梅名师工作室这一平台,集结了42位园内接受过系统心理咨询专业学习的教师,以及其他热爱心理学的教师,构建了一个学习共同体,一起阅读学习了教育心理学、发展心理学、社会心理学等相关书籍,也开展了沙盘游戏、音乐疗法等一系列有高实操性的实践课程,我们以儿童为本为研究方向,共同学习,一起成长为更好的自己。

## 案例

### 认识自我,激发潜能,快乐生活和工作
#### ——记心理沙龙培训有感

伴随着冬天的脚步走近,2018年11月7日,杨梅名师工作室迎来了本学期的第一次正式会议暨心理培训活动。本次培训请到"从心开始"集团创始人,心理辅导学理学硕士,国家注册执业医师,国家注册二级心理咨询师李慧心老师。

李慧心老师围绕"发现儿童,悦纳自己"的主题,从"我是谁、我从哪里来?我要到哪里去?我的命运我做主"四个问题引发大家的思考,深入探究了"察觉自我价值、情绪压力管理、良好家庭关系建设、实现自我价值"等话题。

首先,李老师拿出一副欧卡牌,卡面是一幅图,没有任何文字,并随机

给每一位学员抽取了一张，让大家根据自己的牌面，自行解读。当几位学员发表自己的理解后，李老师提出她的建议，启发大家带着善意、从积极的方面去解读。学员们发现，同样一张牌，从不同的角度去解读，认知、理解和感受会完全不同。接着，李老师再给大家发了一张拓展牌，请大家根据拓展牌上显示的文字信息，结合自己手中的欧卡牌，再一次解读。大家各抒己见，一圈下来，每个人的想法又更深一层了。最后，李老师告诉我们，其实每一次的牌面解读，折射出的都是自己内心的想法，对自我的认知。就如同孩子一样，孩子的一张画、一个动作等，都蕴含着他的内心世界。通过这样的互动和游戏，李老师引导大家了解"无条件积极关注"，鼓励大家树立对自己、对孩子无条件积极关注的意识，建立正念思维。这也是教师了解儿童、发现儿童力量、研究基于儿童视角的评价方法的心理学理论基础。

随后，李老师把人的一生比喻成一条曲线，生动形象、深入浅出地讲解了埃里克森的人格发展阶段理论——"要填完多少个坑，才能幸福过一生？"李老师通过案例和大家一起讨论分析，引导学员了解个体的每个发展阶段的发展特点和任务，知道一个人要想获得更多的幸福感，就需要在他的每一个阶段给予他正面的影响。

个人反思：通过本次培训，在李老师讲解的大量案例中，我认识到想要得到爱就要先学会爱自己，爱自己的前提是接纳不完美的自己，要学会欣赏自己。曾经的我站在孩子们面前说话会很紧张，也很怕孩子们不听我说话。李老师问我："你在担心什么呢？充分准备，认真练习，努力做到最好，就是成功呀。"确实，世界上没有最好，只有更好，把自己能做的都努力做到，就不会有遗憾，接纳不完美的自己也是一种成功。

在不断实践中，我慢慢克服了面对全班孩子说话的紧张，也开始尝试在幼儿园大型活动，如总结会、晨会、毕业典礼上找机会发言、展示。我想说实验幼儿园是个有大爱的家庭，我总能在每次展示后得到大家的鼓励和肯定，在这样的氛围中我也彻底放开了。除了变得更勇敢以外，我还获得了许多专业知识，在不断修改文稿和练习的过程中，提升了写作水平和语言表达能力，并在每一次挑战自我成功后收获了成长的喜悦。

今年是我在实验幼儿园的第七年，在这里的每一天我都过得幸福而充实。我在工作中感受到自我接纳带给自己的力量，同时这股力量也帮助我接纳他人，理解他人，让我的性格、为人处事的方式，甚至是价值观都发生了变化，一切都是最好的安排。

经历是一个人生命的底色，生活经历的不同造就了每个人对事物的不同看法。作为一个人对世界和情感的最初经验，童年那些首次经历的、新鲜的认识和情感是人认识世界、感知自我的基础。我们无法改变自己的童年和成长经历，但当我们能长期处在一个积极的、活泼的、有生命力的环境中，并能正确认识自己的内心，便可以抚平成长过程中的不如意和痛苦。

教师回溯成长历程，关注自身心理健康，为了遇见更好的自己，也为了更科学地了解幼儿，给予他们所需要的帮助和爱。在开展心理学学习的历程中，教师不断感受着内心成长带来的力量。让我们一起来看一位教师在学习心理学时所写的案例，感受该教师打开心灵与自我反思的过程。

案例

### 上台还是不上台，我该怎么选

**场景一**

麦子通过自己的努力获得了在小剧场舞台上领奖的机会，回到家后，他兴奋地和家人分享着这一消息。"爸爸妈妈，我得到文明星的称号啦！老师说下个星期一我要上台去领奖！"很快，星期一就到了，在文明星颁奖开始前，麦子还和孩子们开心地聊天，我问麦子："你准备好了吗？"麦子点点头，但是脸上的表情有点不太自然，当主持人邀请麦子上台领奖时，麦子不愿意起身，甚至开始有抵触情绪。"麦子，轮到你上台啦！""我不想上去！"不管大家怎么劝说和鼓励，台下的麦子都不为所动，始终不肯上台领奖。

**场景二**

一段时间过去了，轮到了麦子班晨会表演了，麦子对上台表演非常期待，还邀请了妈妈和自己一起同台演出，不管是平时的排练还是最后的彩排，麦子都全情投入，脸上总是不自觉地洋溢着灿烂的笑容。终于，班级要开始正式表演了，候台时麦子和其他孩子嬉戏聊天，妈妈和其他家长都在一

旁耐心地等待着。第一个节目结束后,麦子跑到妈妈身边说:"我不想演了。"妈妈抱着麦子说:"你怎么了?我觉得你可以的!"麦子说:"我是跟你开玩笑。"但是麦子回到座位后不再跟其他孩子聊天,很快轮到麦子他们组表演了,当音乐响起的那一刻,麦子嘟着嘴巴随着人流走到登台口,但是在迈向舞台的关键时刻麦子突然停住了脚步,找到妈妈开始抽泣,最后在大家的鼓励和安慰下麦子红着眼睛拖着脚步在集体亮相环节露了一下脸。

### 背后的故事

麦子4岁11个月,中班,在班级里是年龄较大的孩子,性格外向活泼,日常生活中与同伴在一起时愿意分享,乐于表达,但是在集体面前不太愿意展现自我,显得有些拘束。和麦子的爸爸妈妈沟通后我们了解到,麦子曾有过一次登台表演不愉快的经历,在这样的经历里父母无意识中给了麦子一些不恰当的反馈,接收到这样反馈的麦子便有了遭受失败时的自我解释,他认为失败的原因都来源于自己,这也让麦子不再愿意登台。通过每次登台前麦子在家和爸爸妈妈的谈话我们得知,其实他对登台表演或是领奖是无比自豪和期待的,但同时他也会对自己的表现有些担心,生怕某一个环节出现差错。

### 背景分析

研究表明,儿童早在4岁时就会对失败产生不良情绪反应。卡罗尔等人将人面对失败的一系列负面认知、行为和情绪变量称为习得性无助。人在最初的某个情境中获得了无助感,在以后的情境中不仅没能从这种体验和感受中摆脱出来,还会将无助感扩散到生活中的各个领域。这种扩散了的无助感会导致个体的消极,这是一种不好的感受,在这种感受的控制下,个体会由于认为自己无能为力而不做任何努力和尝试。

表现出习得性无助的孩子受到了失败经历的打击,就会表现得消极,回避挑战,对将来的成功期望变得很低。还有研究显示,4岁时对失败的反应极为强烈的儿童在小学三四年级的时候,对自己的成功期望显著低于那些在学龄前期动机没有受到损害的儿童,他们对自己的评价也比较差。

童年是一个人一生的开始。精神分析学派的观点认为:早年的儿童时期是每一个人生中最重要的时期。在出生后的五年里发生的事情,几乎是具有决定性的。远离了童年以后,我们一直保有最初五年的生活经验,只不过我们没有根本地认识它罢了。按弗洛伊德的观点，一个人一生中较迟发生的事，不论它们看起来多么重大，都不能抹杀那些早期的影响力量。一个人不良心理的形成，可以追溯到他童年时期经历的生活，尤其是他所经历的挫折在他幼小的心灵里留下的阴影。奥地利心理学家A.阿德勒在他的《自卑与超越》一书中，曾列举丰富的材料说明，一个人的心理特征可以从他童年的记忆中寻找蛛丝马迹。

这个故事是关于幼儿的挫折和自我概念，麦子明明是对登台充满期待的，但每当要登台前的一刻就会退缩，教师发现后及时的和家长进行沟通，尝试挖掘幼儿行背后的原因，进而发现幼儿的畏惧来源于曾经的一次失败体验。有研究发现，正向积极的体验要高于负向消极的体验三倍，才能抵消一次负向消极体验所带来的创伤。当有了失败的体验后，幼儿更需要有成功的体验，给予他无条件的爱和积极的心理暗示，以避免幼儿产生长期的挫败感和习得性无助。虽说"成功是失败之母"，但对于幼儿而言成功也是成功之母，成功确实能增强幼儿的自信心。有关幼儿行为和心理的深度思考，都源于教师们真正与幼儿"心与心"的交流，从而成就彼此。

纵观传统的幼儿园教师职前教育课程，多以侧重知识方面，围绕五大领域等进行，但在教师自身的心理情感方面关注较少。因幼儿教师教育对象的特殊性，对教师的情绪状态和工作量都有很高的要求。如何在高压状态下疏解压力，找到正确的方式面对事业倦怠，是教师们常常要面对的困难。心理学关注的是人的情绪、感受和需要，教师在学习中可以加深对自身的了解，清晰地体察自己的感受，明确自己的需求，改善人与人之间的关系，尝试理解和尊重他人，有更强的共情和同理心，能够有效减少与同事、家长间的矛盾。

幼儿的心好像一把锁，希望每一位教师都有一把"知心"钥匙，从看见幼儿出发，走向看见幼儿的心理需求，在与幼儿的交流中，与幼儿的灵魂发生碰撞与沟通，以此打开幼儿的心灵窗户，为每一名幼儿奠定幸福的人生，同时在发现幼儿的路上不断地发现自己的成长与思考，看见幼儿，看见心中最好的自己。

 后 记

当我们完成这本书的撰写时，心中充满了感慨与思考。师幼互动，这个看似日常的教育行为，实则是幼儿教育中不可或缺的一环。它不仅是教育质量的体现，更是儿童身心发展的重要影响因素。回顾整本书的内容，我们深入探讨了在"三人行"课程中师幼互动的内涵、特点、价值取向以及在不同活动类型中的应用策略。通过案例和实践经验的分享，我们试图为幼儿教师和教育工作者提供一些实用的指导和启示。

在"三人行"课程的背景下，我们更加明白师幼互动的重要性。这种关系性的教育模式强调尊重、平等和信任，鼓励教师与儿童之间建立起积极、亲密的关系。在这样的关系中，教师是儿童的支持者、合作者和引导者。他们倾听儿童的声音，关注他们的需求，给予他们充分的关注和支持。而儿童也能在教师的引导下，积极参与、主动探索，充分发挥自己的潜能。

师幼互动的质量直接影响着儿童的学习与发展。一个积极的师幼互动环境能为儿童提供安全感，让他们敢于尝试、勇于探索。在教师的鼓励和支持下，儿童能够逐渐培养自信心，提升解决问题的能力，形成积极的学习态度和价值观。同时，师幼互动还具有情感交流和心灵共鸣的作用。教师与儿童之间的情感纽带能够为儿童带来归属感和幸福感，为他们的心理健康发展奠定基础。

当然，师幼互动的实践与探索是一个持续不断的过程。幼儿教师作为这个过程中的关键角色，需要不断地学习和反思，提升自己的专业素养和教育实践能力。同时，园所管理者和教研员也需要为教师提供支持和培训，帮助他们更好地理解和实施有效的师幼互动策略。只有这样，我们才能真正为儿童的健康成长和发展创造一个和谐、有爱的教育环境。

在此，我们衷心感谢那些在"三人行"课程中付出辛勤努力、为幼儿教育事业做出卓越贡献的教师们。你们的实践经验和智慧不仅为本书的撰写提供了宝贵的支撑，更为整个学前教育领域注入了新的活力和启示。同时，也要感谢那些给予我们无私支持和鼓励的领导、同事以及家人朋友们，没有你们的鼎力相助和支持鼓励，我们无法完成这本书的撰写工作。

展望未来，我们对"三人行"课程中的师幼互动充满期待，我们希望通过持续的实践和探索，进一步丰富和完善师幼互动的理论体系和实践策略。同时，我们也期待更多的教育工作者能够加入这个领域的研究和实践中来，共同为儿童的快乐成长和教育事业的繁荣发展贡献更多的智慧和力量！

深圳实验幼儿园

2024 年 1 月

出 版 人　郑豪杰
责任编辑　徐　杰
版式设计　郝晓红
责任校对　贾静芳
责任印制　李孟晓

**图书在版编目（CIP）数据**

"三人行"课程中的师幼互动 / 杨梅主编；曾桂芬，师菁雯副主编. — 北京：教育科学出版社，2024.4
ISBN 978-7-5191-3841-7

Ⅰ. ①三… Ⅱ. ①杨… ②曾… ③师… Ⅲ. ①学前教育－教育研究 Ⅳ. ① G61

中国国家版本馆 CIP 数据核字（2024）第 051638 号

"三人行"课程中的师幼互动
"SANRENXING" KECHENG ZHONG DE SHIYOU HUDONG

| 出 版 发 行 | 教育科学出版社 | | |
|---|---|---|---|
| 社　　　址 | 北京·朝阳区安慧北里安园甲 9 号 | 邮　　　编 | 100101 |
| 总编室电话 | 010-64981290 | 编辑部电话 | 010-64989386 |
| 出版部电话 | 010-64989487 | 市场部电话 | 010-64989572 |
| 传　　　真 | 010-64891796 | 网　　　址 | http：//www.esph.com.cn |
| 经　　　销 | 各地新华书店 | | |
| 制　　　作 | 北京浪波湾图文工作室 | | |
| 印　　　刷 | 保定市中画美凯印刷有限公司 | | |
| 开　　　本 | 720 毫米 × 1020 毫米　1/16 | 版　　　次 | 2024 年 4 月第 1 版 |
| 印　　　张 | 14.5 | 印　　　次 | 2024 年 4 月第 1 次印刷 |
| 字　　　数 | 207 千 | 定　　　价 | 50.00 元 |

图书出现印装质量问题，本社负责调换。